中国母亲 和她的 英式男孩

A Chinese Mother
and
Her British Boy

杨卉

麓雪

著

海天出版社（中国·深圳）

图书在版编目（CIP）数据

中国母亲和她的英式男孩/杨卉，麓雪著．－深圳：
海天出版社，2018.1
ISBN 978-7-5507-2191-3

Ⅰ.① 中… Ⅱ.① 杨… ② 麓… Ⅲ.① 成功心理－通
俗读物②家庭教育 Ⅳ.① B848.4-49 ② G78

中国版本图书馆 CIP 数据核字 (2017) 第 273137 号

中国母亲和她的英式男孩
ZHONGGUO MUQIN HE TADE YINGSHI NANHAI

出 品 人　聂雄前
责任编辑　张绪华　杨华妮
责任技编　梁立新
特约策划　张玲玲　张碧英
封面设计

出版发行　海天出版社
地　　址　深圳市彩田南路海天综合大厦 7—8 层（518033）
网　　址　www.htph.com.cn
订购电话　0755—83460239（邮购）0755—83460202（批发）
设计制作　申亚文化
印　　刷　深圳市希望印务有限公司
开　　本　787mm×1092mm　1/16
印　　张　16.25
字　　数　250 千字
版　　次　2018 年 1 月第 1 版
印　　次　2018 年 3 月第 2 次
定　　价　39.80 元

写给我和我的女友们

夜幕之下，星辰微风，我完成了一次跨越万里的微信采访。

从雪花飞舞到盛夏蝉鸣，我以一个记者的身份，与远在地球另一端的杨卉，进行了一次与一个女人、一个母亲心灵的共鸣，一次对中西文化背景下家庭教育和学校教育的探讨与思考。

杨卉，一个在中国文化中长大的母亲；博文，一个在西方文化中成长的孩子。在中国的家庭教育面临着很多观念、很多理论影响的今天，这对母子共同走过的成长之路，以及他们在一次次文化碰撞和自我反省中所悟出的教育理念，对于今天国内的父母有很多的启发，也让国内的父母有很多切实可行的方法可循。

这对母子成长的故事，虽然发生在北爱尔兰，但在母亲和孩子这场生命的相逢里，无论东风西韵，奏出的旋律都会让你我怦然心动。

在这场生命相遇的缘分中，杨卉和儿子博文互为成长的启蒙者和帮助者。母亲帮助儿子完善人格，儿子带领着母亲在异文化冲突中进行自我反省。

彼此爱着，彼此祝福，彼此分离，彼此相伴在路上，这是多么好的关系模式啊！

采访中，我的思考不停被触动：

是什么，让一个母亲的生命如此坚定和丰盛？

在这个男孩的成长中，母亲给了他什么？

家庭给了孩子什么？

麦瑟底中学给了孩子什么？

英国社会给了孩子什么？

是什么，给一个孩子的人生创造了多种可能性？

…………

在国际化的背景下，这对母子的共同成长，折射出东西方两种不同模式的教育。在东西方文化交汇中，带给我们更多值得深思的东西。

长达几个月的采访，一次次，我在万里之外，不自觉地进入了杨卉所描述的情境中。

在遥远的贝尔法斯特（北爱尔兰首府），她的生活，她的工作，她初入异国的新奇与困顿，她重返职场时的无助与迷惘，她因为无力应对直扑而来的异文化的巨大冲击而导致的抑郁甚至崩溃，她的一句"就是想过好成为儿子的榜样啊"背后所蕴藏的朴实又强大的能量……

感同身受中，我看到了女性的自我发现和自我挑战，看到了女性在外在的冲击中，突破自我的文化觉醒。

那一刻，我不仅是一个记者，更是一个女人，一个母亲。

对话的是我和杨卉，而真正对话的也许是我们和她。

我们——我的闺蜜、女同学、女同事、女性朋友、女读者……

从东方到西方，时空不同，但女性走向生命自由、独立、丰盈的路径是相通的。

"妈妈！妈妈！你起来走走啊！起来走走你就好了！"那是杨卉刚满四岁的儿子，看着妈妈深夜颓瘫在自家的楼梯上时，用肉乎乎的小手，惊恐紧张地拽着妈妈，在家里的楼梯上一步步上下蹭挪。十多年后，杨卉说起这段场景，已经没有伤感。她说，也许，恰恰是儿子当年这种近乎本能的拖拽，唤醒了当时颓靡的她心头的微光和力量。

虽然杨卉在北爱尔兰的生活、工作环境对我们来说是陌生的，彼此的经历也大相径庭，但在面对生活经常是一团择不净理还乱的一地鸡毛时，在或被动或主动地投身凛冽职场的拼争厮杀时，在面对一个小生命所带来的兴奋与惶然时，在不得不备战中年危机与性别歧视时……无论身在何处，我以及我的闺蜜、女同学、女同事、女性朋友、女读者，与万里之外的杨卉，同为女人，因为应激而生的种种感受，是共通的。

杨卉是一个普通的职业女性、一个普通的母亲，她跟你我都一样。她曾经的日子，也许是我们曾经或正在经历的日子。她所体验的挫败、无助、迷茫、困惑、无价值感、抑郁，甚至崩溃……无论是过去的我，还是未来的你，都曾有过，也会经历。

为什么现在她的生命里有了这些看起来不一样的"光芒"？

"妈妈！妈妈！你起来走走啊！起来走走你就好了！"一个四岁孩子说出了困境中的突破点——"起来走走"。自此，她一直坚持不懈地重新认识自己，敞开自己，蜕变自己，不断觉察，发现自己的优势，然后不计功利地去勇敢行动。在行动中，在做事的过程中，孤独、恐惧、担心、无望……已经远去了。

一个女人的生命由此获得重生，一个母亲由此成为孩子的榜样。

在杨卉身上，我看到了一个女性不放弃自我、勇敢行动的力量，看到了一个母亲为养育新生命破壳觉醒、不枉为"母亲"这个角色的力量。

我跟杨卉开玩笑说："你这不停地走的劲头儿，让我觉得你就是英国的阿甘啊！"她笑着说："我也很脆弱，我只是倔强不屈。"

"起来走走"，We can do it！（我能行！）在人生的低谷里，她一直在发现和解决自己的问题；在解决问题的过程里，她又在不断地反省，触发着自我的觉醒和成长。无论经历着怎样的黑暗，她都一直向着阳光照耀的地方走，朝着自己的梦想去。

如果用火堆来形容生命，杨卉的这堆生命之火几乎调动了所有的燃烧能量。她充分地燃烧，不管是作为女人的自我生命成长，还是作为母亲的家庭教育成长。如果不是主动地去接受一次次的冲击和挑战，不是主动地去一次次突破固化的思维框架，杨卉自己以及她的家庭和孩子，难以收获今天的自由和美好。

这是我们生命自我成长的共同路径。在儒家文化中浸染千百年的中国女性，有着和杨卉一样的原生文化内核，也因今天多元开放文化的影响而困惑。在这次跨越万里的微信采访中，我更想通过杨卉和她的儿子一起成长的故事，去探索、思考、呈现一些可供我们借鉴的东西，尤其是女性作为母亲的文化觉醒、生命蜕变的可见因素。

生命是一次次伟大的相逢，阅读是相逢美好的途径。

杨卉的昨天，是灰色的、迷蒙的，像一场看不透的雾。杨卉的今天，则像一轮明月，温润、饱满、通透、安宁、美好。

无论是做自己，还是做母亲，杨卉的今天，或许，也会是正在读着这本书的你的未来。

希望在这本书里，你能找到通往美好的路……

麓雪

序 二

和儿子互为生命的领跑者

在英国的二十四年，是我和儿子在中西文化、教育的碰撞、融合中，共同成长的岁月。他从一个胆小、怯懦、孤独、在公众场合不敢说话的小男孩，成长为一个学业优异、开朗乐观、低调善良、富有自信心、同理心的"学霸""暖男"；我从一个抑郁、脆弱、敏感的陪读主妇到拥有自己的事业，感到再没有什么挫折能打倒自己的职场女性。

我和儿子互为生命的领跑者。

我和我的先生都是在中国传统教育中长大的，我们自己在特定的时代和文化系统中日积月累起来的经验，从家庭教育到学校教育，包括抚育后代的方式和一些观念，都无法适应孩子在英国的成长需要，也无法帮助我们自己融入英国的社会。为此，我迷茫过，困惑过。

很多身处两种文化中的华人和我一样，对于如何教育下一代以及自己在家庭和社会中的定位很迷茫。想要融入当地主流社会是相当不容易的一件事情。我虽然当时是以陪读身份跟随我的先生去的英国，但即使是在最绝望的时候，我也从来没有想过要依附于我的先生。虽然我尽了一切努力来培养儿子，可我从来没有一丝的想法要放弃自己的一切靠儿子实现我实现不了的梦想。我一直努力以一个坚定地追求梦想的坚强母亲形象给儿子树立榜样。当儿子逐渐长大，把当地社会的挑战带回家的时候，又给了我机会去反思和改变自己固有的理念。如今回望那些走过的路，作为一个女人、一个母亲，真的是无悔而欣慰。

如果让我在知天命之年说说自己过往人生的最大感受，我有几点分享：

人生各种角色，只要你认真地努力过、坚持过，那些过程都是宝贵的。

作为女人，不要过早地放弃自我。十八不一定是一朵花，五十也不是"豆腐渣"。关键在于生命的状态，颓靡或蓬勃，枯萎或绽放，都是自己的选择。

作为父母，别再以"我吃过的盐比你走过的路还多"自居。你"吃过的盐"不一定是孩子未来要"走过的路"。在今天这个时代环境中，父母要接受自己和孩子之间新旧观念的不一致，承认孩子很多时候是父母的老师。父母不可以再像祖辈的父母一般，让孩子的社会化训练在老一代的严格控制下进行。他们不再会完全沿袭父母的生活之路，更多的是以他们自己年轻的心灵，去探寻和创造属于他们自己的精神和文化。所以，父母养育方式和文化传承的意义，就是帮助他成为他自己，并在这个过程中虚心向孩子学习，彼此助力。对父母来说，这是养儿育女最大的"福利"——你有了上帝派来的特殊"老师"。

这些切身的体验，成就了儿子博文，也让我自己在这个过程中蜕变。

其实所谓蜕变，都会有一个痛苦而艰难的过程。当一个人传统的文化架构、生活习性、教养方式等受到来自周围社区环境、孩子"反叛"等挑战时，等于是对过往自我的否定。这种否定不管是来自外部或者你自己，都是痛苦的。这种痛苦恰恰是突破自我传统、反省自我、蜕变自我、更新自我的时机。

觉醒和行动，因此而开始。

我经常听很多比我年轻的女人说："哎呀，你们孩子大了，终于熬出来了，真羡慕啊！我还得再熬几年啊。"

我是母亲，我能理解一个母亲养育孩子的辛劳，甚至焦虑。但同时也慨叹：唉，母亲如果能在养育儿女的艰辛里，还能觉知孩子不仅仅是来要吃要喝要爱要陪伴的，他／她还是上帝送给女人的生命大礼——是母亲认识生命、懂得生命最好的"老师"，这样的母亲一定会更为从容。

生命影响生命，血脉相连，骨肉至亲，还有什么比这一程相伴相携更值得珍惜！

二十二年，儿子从一个嗷嗷待哺的婴儿，成长为一个蓬勃热情的男子汉，而我自己也从一个传统的中国女性，完成了多元文化之下的国际化思维的转变。

杨卉

序　三

比考入名校更值得关注的能力

二〇一六年圣诞节，儿子告诉我他被伦敦的一家股票投资公司高薪聘用。近千名来自英国各所高校的毕业生竞争几个名额，其中仅来自剑桥大学的毕业生就有几十名，还有来自牛津大学、伦敦政治经济学院、帝国理工学院等名校的。面试的其中一轮是把应聘者分组，监考官在旁边考察每个人在团队中的协调、沟通能力，最终博文被录用。我觉得是他自小在团队中锻炼的社交沟通能力和对问题的反应能力让他受益。

在儿子的成长过程中，我们努力给他创造了一个不设限、开放性的教育环境，在日常生活中我们随机对他进行常识教育，不断训练他的社交能力。这些，都给了孩子增强创造力、沟通力的机会。

我接触过很多国内的中产阶级家长，他们对孩子的教育有着各种焦虑，用尽各种办法"不让孩子输在起跑线上"。这种对教育投入的无止境攀比，让家长更多地把期待和压力放到了孩子身上，家长把孩子往各种培训班里一放了之，而自己只负责赚钱，为各种课外班付费。在我看来，家庭教育固然需要一定的物质基础，但物质条件不是最重要的，尤其是孩子小时候更是如此。家庭教育是一个系统的养成过程，在日常生活中养育孩子的点滴，考验着父母的教育能力。我认为父母就是孩子的起跑线，给孩子提供什么样的环境、选择什么样的教育，愿不愿意为孩子付出陪伴他的时间，父母的付出、耐心、认知和经历，决定了孩子成长为什么样的人。

　　哪里的生活都不容易，当年我们是从生存的压力下抬起头，改变了我们传统的家庭教育，和孩子一起成长并做孩子的领跑者。这不仅仅是对孩子的教育，也是我们做父母的对自我的再教育。

　　英语中有个词组social skills，中文直译是"社交技能"，但更确切的说法则是"怎么和人相处"。在国外，很多华人家长在培养孩子读书、音乐等兴趣爱好方面，也是下了很大的功夫，有些孩子也确实取得了很好的成绩。但是很多这样的孩子长大之后，比起当地的孩子在社会交往和活动能力方面还是存在明显不足，工作之后也影响了他们的发展。也有不少国内的家长找我"取经",谈了他们在教育孩子方面的烦恼。我发现我们华人传统思维中一个很重要的观念需要突破,那就是我们从小太注意给孩子灌输知识,过分注意分数而忽略了常识的教育。家长从孩子进入幼儿园起就开始关注孩子背了多少唐诗宋词,会算几位数的数学运算等等,但对孩子是否了解这个世界,是否懂得文明社会的基本行为规则,并不在意。

我们的孩子将来总归都要去社会上历练的,现代社会所青睐的人才,需要具有团队精神,更需要能够客观对待来自不同方面的意见,能够承受自己所应承担的角色的压力,能够在人际交往中享受到与人交往的快乐和团队协作的力量。他们需要知道什么是好的行为,怎样和他人相处,怎样和自己相处,认同人类普世价值中的礼貌和友善、诚实和坦率、帮助和给予,能够理解和关爱他人,能够沟通和解决问题,懂得与他人分享……这些人与人相处、合作的基本常识,孩子们需要在成长的实际体验中学到。

一个孩子在与人交往中,学会尊重而不是压抑自己的感觉,学会用理性的方式看待和解决自己遇到的问题,找到人生的自处之道和与人的相处之道,这些是比考入名校更值得关注的能力。

杨卉

目 录 CONTENTS

I

英 式 男 孩

头脑不是一个需要填满的容器，而是一团需要点燃的火焰。

——希腊作家普鲁塔克

看着这个在西方文化中长大的孩子

回到中国，

依然被亲人和朋友们接纳、赞许，

被我的朋友称为『暖男』，

作为妈妈，我心里真的很自豪。

他今天的样子令我如此欣慰

　　我和我的先生都是吉林大学毕业的，这些年我在英国女王大学负责与中国大陆高校的合作，与母校也有多次联系。母校七十周年庆典，我想不出送上什么礼物才能表达我对母校的深情。正发愁时，母校的师弟师妹们建议我办一个合唱团来母校交流演出。他们知道我儿子是剑桥大学合唱团成员，在他们的大力推动下，由四个男孩、七个女孩组成的剑桥大学无伴奏合唱团终于成行了。就是在这个过程里，作为一个母亲，我重新认识了已经长大的儿子。

　　因为暑期里博文所在的剑桥大学的合唱团成员各有安排，博文只能重组一个新团来参加吉林大学的庆典。从组团、曲目的选择，到和吉林大学有关负责人员的联系互动，再到成功演出，即使有我在其中帮助，这一切对博文也是个锻炼，也是个很好的考验。

这次来中国的十一个同学，来自剑桥大学不同的学院、年级，都堪称"学霸"。他们来自苏格兰、英格兰、德国、意大利、南非等，博文是来自北爱尔兰的。七个女孩、四个男孩，博文承担起了带队的责任，并且在每一个细节上和每一个人沟通，包括帮助此行的队员们填表、办理护照签证、提前安排好返程机票等，甚至要时刻关注那个坚果过敏的女孩不出任何意外。七个女孩意味着有一个人得单住，博文提议每个同学为她分担另外的一半费用……协调这样一个团队，是锻炼和考验博文的好机会。他说吉林大学出了那么多的路费，他要让这个团队的中国之行对得起这笔付出，回校之后还要帮助吉林大学推广一些项目。这孩子不喜欢欠别人，不是为应付事情而敷衍的那种孩子，这让我心安。

他对我说："妈妈，这次参加这个活动，我觉得自己成熟了五岁。"

家庭教育的最终目标，就是要帮助孩子完善人格和锻炼他们走向社会的能力。博文在这趟中国之旅中表现出的领导协调能力、温暖包容之心、尽职尽责之心，都让我感到欣慰。

虽然儿子即将进入研究生阶段，但这次我和他一起经历他未曾经历的过程，让我看到了不死读书的结果。他不但能和不同的人打交道，而且让和他打交道的人感到舒服温暖，说明他不是个"数学魔"（Mathmo），也再次证明了在中西方两种不同模式的教育交融中，我所秉持的开放、多元、无痕教育是成功的。

我带着儿子和他的团队回到我的家乡呼和浩特，与呼和浩特二中的孩子们同台演出。我的父母坐在台下，看着外孙和他的小伙伴们的演出，我妈妈很激动，说："我怎么也没想到这辈子我还会在呼和浩特看外孙的节目。"我的父母为博文小时候的成长付出了心血，这也是我和博文送给他们的特殊礼物。

博文和姥姥姥爷交流的时候很好玩。他总是乐呵呵地和老人开着玩笑，即便老人说了他不认同的事情和观点，他也会用一种特别有意思的方式来表达自己的想法，还让老人感觉他们的想法被尊重了。

看着这个在西方文化中长大的孩子回到中国，依然被亲人和朋友们接纳、赞许，被我的朋友称为"暖男"，作为妈妈，我心里真的很自豪。在我眼里，考上名校，成为"学霸"不一定是教育的成功，但成为一个有能力、有责任感、能担当并让他人舒服的人，一定是教育的成功。

一路看着儿子在他的小伙伴们中间忙来忙去、轻松沟通；看着他善解人意地陪在姥姥姥爷身边，看姥姥指着墙上的照片给他看——那是他出生的时候姥姥来英国帮我照顾他，我们带着胖嘟嘟四五个月大的他在吃早餐……

我想起他六岁的那个夜晚对我说的话："唉，找个老婆很难啊！"我笑了，发自内心感到欣慰。今天的"暖男"还会为找老婆叹气吗？

1

家，生命的起点

在异国他乡，

博文的成长并非一开始就很顺利，

我们所能做的，

是看到他，看到他的需求，

尽力为他营造一个利于他成长的童年环境。

现在看来，

我们做得还算不错。

迎接新生命

我躺在产床上，接过刚刚出生的儿子，接受着护士们对我的祝贺："哇，好漂亮的男孩！"我看看这个还没睁眼的小家伙儿，哪里很漂亮哦？看上去丑丑的呢！可是我的心里就是有一种从未有过的情感，聚焦到他的身上。那一刻，我真切地体会到了什么是母爱。

这是我陪读到英国两年之后。

在初到异国他乡的茫然中，和这个小生命的相逢，是我人生最奇妙、最难忘的时刻。

我先生看到英国人看望生孩子的母亲时，都是捧一束鲜花。无论是家里人，还是朋友，一束鲜花是必需的。可我们那时真是穷，平时哪里舍得买束鲜花放在家里？他就想："鲜花也就能维持几天，干脆我买一盆干花吧！这样能够维持很长时间。"于是，他就弄了一盆干花送到医院放在那儿。别的新妈妈收到的都是鲜花，就我不是，人家都很奇怪，我们也不解释。

这盆干花，我一直留着，现在都快二十三年了。每次搬家都带上，放在儿子的那架老钢琴上。多少个日子，儿子坐在钢琴前弹奏着，从童年到少年再到青年，在音乐和岁月的流淌中，这盆干花在我心里已经有了比鲜花更浓郁的芳香。

女人的生命若是从养育新生命的那一刻破壳觉醒，就不枉为母亲这个角色。这个新生命的到来，唤醒着母亲生命新的力量。这是女人的辛劳，也是女人的幸福。

儿子出生的那段时间，我和先生还住在公租房里，靠先生的奖学金和一点儿补贴，维持着我们这个三口之家的生活。尽管经济拮据，但一个新生命的到来，却给我们艰辛的移民生活带来了无限的喜悦。

那段时间，我陪伴在儿子的身边，不停地笑着对他讲话。小孩子能够感受到围绕在他身边的人的情绪和语气，一个快乐的母亲和一个烦躁的母亲，对幼小孩子内心的影响是不一样的。每当我愉快地和博文交流时，他就能做出各种表情和反应。那段时间，我母亲来待了五个月左右，帮助我照看博文。记得博文刚满月，我和我母亲出去了一趟，把博文交给他父亲看着，等我们回来时，我们故意开玩笑对着小博文问："妈妈和姥姥出去了，父亲抱你了没？"他竟然马上做出一副委屈的样子，差点哭出来。我赶紧抱起他，感到十分惊讶。那么小的孩子，他就会用谁都听不懂的语言

"咿咿呀呀"地和我对话，而且还聚精会神地看着我，听我讲。我更坚信，虽然孩子不会说话，但母亲需要和孩子更多地交流，以刺激大脑发育，并培养感情。

孩子是一个女人用血和爱凝聚的作品，母与子，彼此间，演绎着世间伟大而神奇的相逢。唯有孩子，才会在生理和心理上激发母亲对生命特殊的情感。在异国他乡的岁月里，这个小小的充满灵性的生命，给了我喜悦和力量。

足够好的母亲

在英国怀孕期间，我看到一个关于"good enough mother"的资料，是英国十九世纪一位叫温尼科特的医生提出的，意思是"足够好的母亲"。他既是一名出色的儿科医生，又是儿童心理分析专家，专门研究母亲与婴幼儿的关系。那时我的英文阅读水准还不行，在国内时还没听说心理医生的概念，这是我第一次接触心理方面的知识，隐隐约约地知道了好母亲对孩子要给予"恰到好处的爱"，给少了不够好，给多了也不好。在婴儿期，母亲要多陪伴，怎么爱都不过分。在中国时，听到老人们说"别把孩子惯坏了，从小不能多抱着"。可这边"足够好的母亲"首先是要给孩子足够多的爱抚和拥抱。对于这些爱，这个小小的婴儿都能够

感受得到，并且他能够透过心理的历程，把感觉所发现的转化为内在的意识活动，纳入自己生命的潜意识。孩子在幼小的时候，会在不知不觉中把养育人的情绪以及环境内化。

温尼科特认为，在刚出生的婴儿的内心中，是没有一个外部世界的。在这个时期，如果有一个足够好的照顾者去照顾这个婴儿，婴儿就会产生一种错觉（illusion），以为外部世界是由他自己创造的，这种错觉给他带来一种"全能感"。一个足够好的母亲恰好能够给自己的孩子创造这样的机会和环境，给予孩子这种婴儿时期需要的"全能感"，他也会用这样的方式来感受外部世界。

温尼科特还有一个概念叫"恰到好处的挫折"和"抱持性的环境"。在生命最初的时期，婴儿自己没有一个稳定的自体感受。他会通过镜映（mirror）的方式，从养育者的脸部表情或者肢体语言中感受到自己。这样，婴儿就会形成一个短暂的自体感受，这种短暂的自体感受，可以维持婴儿度过恰到好处的挫折。比如，照顾者短暂离开的时间，如果恰恰是婴儿形成短暂的自体感受的时间以内，这种挫折对婴儿的自体感受仅仅是挫折，而且这种挫折可以帮助婴儿破除全能的感受，孩子就是在这种"全能"的一次次破除中，逐渐对外部世界有真实的认知。但是如果照顾者离开婴儿的时间，超过了其自体感受时间，那就不仅仅只是一个挫折了，它对婴儿而言是一种创伤。

那时我刚到英国，生活比较闭塞，和当地人很少打交道，也还不了解西方人养育孩子的方式，只是在一份育儿资料里看到温尼科特的这个说法，没有意识到"足够好的母亲"是什么样的母亲和"恰到好处的挫折"是一个什么样的尺度。就在博文九个月的时候，我犯了一个让我终生遗憾的错误……

与儿子的第一场分离

有一幅照片一直挂在家里的墙上，那是我和先生、儿子在贝尔法斯特机场的一张合影，这张合影提醒着我曾经欠儿子的爱。

照片上，九个月大的儿子，两个小拳头攥得紧紧的，肢体语言传达出对于新环境和分离的紧张、恐惧。小孩子是有意识的，只是不会表达。后来每次看儿子那两只小拳头，我的心也会跟着揪紧。

当时，我因为要继续攻读学位、找工作，不得不把儿子送回国内父母家。按照我们中国文化的传统，儿女忙的时候，把孩子交给老人带是很正常的。

机场里人来人往，孩子好像知道要和妈妈分开，他从来没有那么紧地抓着我的衣服。当然，也可能还有他对人群的恐惧。他父亲抱着他，一步步走进登机的人流里。

送走爷俩，我回到空空的公租房里，心都是空的，泪哗哗地流。儿子还在吃母乳，一下子不见了妈妈，他该是什么感受！后来，我先生告诉我，在飞机上孩子看见长头发的女乘客，就往人家那里扑。我听后非常心疼。

这样的"分离挫折"，其实对孩子和母亲都是一种心理伤害。哺乳是胎儿离开母体后与母亲保持联系、获得母子间情感交流的纽带。断奶意味着增大了母子间距离，心理学家称为母婴二次分离。短期的母婴分离，会让孩子的自体感受崩解破碎，等到照顾者回来，婴儿又会建立起一种短暂的自体感受。孩子是在这样一次次正常分离的自体感受中，逐渐长大并接受最终必与母亲分离的事实，拥有独立安全的自我。可是，这次长达七个月的母子分离，我给孩子造成"妈妈真的不见了"的心理恐惧。

当时我正读着书，为了实现我自己的梦想，过更好的生活，却放弃了跟儿子在一起朝夕相伴。我知道这样的两难，对今天的职业女性而言，仍然是一种残酷的选择。但是，按照我今天的观念和对生活的把握能力，如果让我再选择一次，我绝不会在孩子九个月的时候把他送到我的父母那里。无论多难多苦，我都会自己扛着，让幼小的孩子感觉到母亲的陪伴。因为，工作可以重新开始，钱可以以后再赚，而唯有孩子的生命成长不可逆转。除非万不得已，也要选取合适的寄养人，并有相应的弥补措施。

当时我有一个英国朋友，她知道我把孩子送回国内让我父母带时很惊讶，特别不理解，她说："你怎么能这样做？你说是为了事业，可是所谓的事业，最终不都是为了让你自己和家人开心吗？做母亲有母亲的责任，你的孩子这么小，是最需要母亲的时候，孩子会感觉被妈妈抛弃了，这太残忍了。"在国内常见到把孩子送到外地的父母家帮助带的我，当时在朋友的质问下愣住了。

现在想想，当时真的就没有别的办法可以既让孩子在自己身边又能把学业和工作持续下去吗？其实，总会有办法的，只是当时我受到传统女强人形象的影响，认为女强人就要放下儿女情长，把事业放在第一位，认为牺牲家庭情感换来事业成功是值得骄傲的勇敢行为。在我们中国人的传统里，父母帮助子女带孩子也是很正常的事情，所以我也没有想其他的办法。我身边的当地人对此很震惊，他们认为孩子那么小母亲就把他"抛弃"，实在太残忍，而且会影响孩子的安全感，这不是钱能弥补的，我这个母亲不合格。

当地朋友的观点，加上我看到周围很多留学生长时间把孩子交给父母造成的后果，在完成了必须要学的课程后，我立即回国去接儿子。

被子里的哭声

　　飞行万里，我回到故乡，急切地敲开父母家的门，眼前站着小小的、穿着深蓝色半袖衫、光着腿的博文。他冷静地看着我，没有任何表情。我急切地说："儿子，妈妈回来了！"我母亲在旁边一边流泪，一边告诉博文："是你妈妈，博文，叫妈妈。"博文还是看着我，没有任何举动。儿子已经把我给忘记了！当场我的眼里就满是泪。当我抱起博文时，我感到了他身体的不自然，我也不是很自然。长时间的分离，让我们母子之间天然的纽带关系产生了变化。

　　为了让博文有时间适应我，我在父母家待了三个月。孩子已经把姥姥姥爷当成他生命里的"重要他人"，我知道不能再贸然把孩子从他信赖的人身边带走，这会给他造成二次伤害。这三个月中，我母亲尽量让我和博文多亲近，晚上睡觉时，我妈妈把博文的小床一面护栏放下，让他紧挨着我的大床。但他只想挨着姥姥睡，而且，他无数次夜里醒来，会用手摸旁边的姥姥。他似乎明白我和我母亲的意图，很害怕我把他从他姥姥那里带走。他总是偷偷地看着我，目光也很警惕。直到十几天后，他才和我亲密起来，而且形影不离地黏着我，似乎怕我再一次离开他。

三个月后，我带博文离开我父母家，先到了通辽他奶奶家。他得到了爷爷、奶奶、姑姑和堂哥堂姐们无限的疼爱。有一天我给他看他在姥姥家的照片，他突然哭了起来，然后用手指着照片上的表妹和房间里的沙发，激动得直跺脚。他当时还不会说话，但却试图用发出来的声音告诉我，他要回到那个家去。当时我十分难受，我说："儿子，妈妈明白你想姥姥，但是妈妈没有办法让你回去。你的家在北爱尔兰呀！"

回到北爱尔兰的第一个晚上，我把博文的小床放在了我和先生的床边。过了不知多久，我听到博文的被子里有声音，掀开他的被子，我们惊呆了！他满脸的泪水已经打湿了半个枕头。原来他自己在被窝里偷偷哭了很久！他觉得这个新地方不是他的家，爸爸妈妈也不是他最亲的人。我心如刀绞，那么小的小孩子啊，竟然在被窝里偷偷地哭。我把他抱在了怀里，抚摸着他的后背不停地安慰他，跟他说："儿子，我知道你想姥姥姥爷和表妹，哭吧哭吧，哭出来就好了。这里是你的家，爸爸妈妈以后不会离开你了，要一起陪你长大。"那一夜，他大哭一场，我抱着他拍着他，相信对于一个小孩子来说，这是一次很好的心理宣泄。

所幸，当时我还学了一些心理学的常识，知道怎样让孩子的情绪发泄出来，知道怎样用较好的方式弥补母子分离过久的遗憾。

　　这么多年过去了，博文早已忘记了曾经发生的事，并得以健康成长，但这件事在我心里留下了无法抹去的伤痛。

　　就是从这一次，我意识到一个母亲在孩子生命里的陪伴有多重要！

姥姥的爱

2016年9月，我带已经在剑桥大学读研的博文回到姥姥家，我妈妈回忆起当年小博文和她分离的场景，依然热泪潸潸。

现在，博文不再是那个不会笑的小孩子了，他善解人意地和姥姥姥爷开着玩笑，让他们开心，也让他们感受到他对他们的感情。

在我妈妈家，我再次看到妈妈当年带博文时写下的文字，这些文字是当时她为了让我放心写给我看的。时隔二十年后，再次看到，我心中涌满对妈妈深深的感恩。

只有九个月零八天的博文能扶着沙发站起来了。我想零到三岁是孩子成长中的关键年龄段，家里的大人包括保姆，必须从点点滴滴做起，给孩子一个良好的成长环境。

我很喜欢音乐，就连博文睡觉的时候，我都要让他在音乐声中进入梦乡。我几乎每天都要抱着博文随着欢快的音乐舞起来。后来，我不经意间发现博文坐在便盆上，用他那肉乎乎的小脚打着节拍，和我录音机中播放的音乐节奏是一致的。他当时还不满一周岁，把我高兴坏了，我觉得他可能有一定的音乐天赋，所以每天都给他放音乐，抱着他跳舞。后来，我发现他对电视里播放的黑人跳的健身操很感兴趣，于是，每天到了播放这个节目的时候，我就打开电视，让他跟着一起跳。他的手不会像大人那样变换，但他踏的节拍绝对准确。

我给外孙和孙女买了很多玩具和各种积木拼图，以此培养他们的认知和观察能力以及想象力。博文很小就能拼比较复杂的拼图了，我发现他做事很专注，在动脑子。在他们拼图时，我尽量不打扰他们，让他们养成专注的习惯。

一岁多的博文把家里暖气的放气阀拧开了，放了一地水。我没有批评他，只告诉他："这样做很危险，暖气水很热，会烫着你的，以后不要拧它。但是你这次学会拧螺丝了，说明你很聪明。"

博文从小不怕昆虫怕植物，见到我家养的花总是躲着走。我想这是他对这些植物不了解造成的。我就对他说："它对你没有危险，我先摸，你看看再闻闻，不但好看还很香。"然后我拿着他的小手去摸，再和他一起闻，逐渐地他就不怕了。我想这是因为孩子对这个世界事物的认识才刚刚开始。我经常带孩子去公园认识各种动物，接触植物，我知道大自然对孩子很重要。

　　……　……

那时妈妈家的住房很小，我弟弟的女儿比博文小四个月，也和妈妈住在一起。让我永远感恩妈妈的是，她和父亲不仅同时带着两个幼儿，还为了更好地教育他们，阅读了大量的有关幼儿教育的书籍和杂志，还总结了她自己在教育我和弟弟妹妹过程中的经验和教训。她说她自己虽然多年从事教育工作，但对幼儿教育并不熟悉，学习是为了对第三代的教育尽量做到少失误。

后来博文在英国获得了拉丁舞、钢琴比赛的大奖，我想这固然有一定的遗传基因和他自己后天的努力，但我也感恩我妈妈在孩子幼年时对他这些天赋的启蒙和引导。

他的孤独令我心痛自责

博文经历了被妈妈"抛弃"之后，再次经历了和朝夕相处的姥姥的分离。两次把幼小的他从熟悉的人身边带走的经历，使他的安全感受到了影响。

当地的孩子是三岁进幼儿园。博文当时只会说汉语，在一个新的环境里，要他自己再学另外一种语言，融入一个陌生的环境，确实是一个很大的考验。所以，没有安全感的博文去幼儿园那一阶段，他一直都不太适应。当时我先生一个同事的女儿和博文在同一个幼儿园，她告诉我，博文每天在幼儿园里一直哭。我听了心如刀绞，找到幼儿园园长，刚说了一句话："我知道博文在这里不开心，我就这么一个儿子……"眼泪已经像泉水一样往下流了，我感到自己作为母亲的无助。

英国这边的孩子是四岁上小学。在学校里，胆小的博文也被同学欺负过，去夏令营也没有人和他玩，他非常孤单。在他上小学期间，有一个让我心痛的场面，至今记忆犹新。

这边的小学放暑假期间，孩子所居住的小区里有各种活动中心，会开设各种暑期活动班。活动主要是各类体育运动项目和游戏，有专门的老师带队。这类活动非常受欢迎，因为家长们可以早上把孩子送到活动中心，下班接孩子回家。孩子们在那里可以和同龄孩子一起活动，接受一些体育项目的训练，学会与其他的孩子交朋友，不用在家里忍受寂寞和无聊。我给博文报了名，送他到了活动班里。

有一天，我早到了一会去接博文，就坐在那里等待活动结束。我看到博文无法参与其他小朋友的游戏，孤独地待在一边，看着别的小朋友玩。他小学同班的一个朋友安觉，则和其他小朋友打成一片，玩得非常开心。当博文看到我来接他的时候，孩子好像非常尴尬，似乎不希望自己的妈妈看到没有小朋友和自己玩，所以马上装作他自己在玩什么玩具，还装出一副很开心的样子。那一刻，作为一个母亲，我被一种无助无能感淹没，心都快碎了。

博文的好朋友安觉家有兄弟姊妹好几个，我常鼓励博文多去他家和他们一起玩。我记得博文六岁的时候，有一次从安觉家回来，晚上睡觉之前，他看上去很悲伤的样子，怏怏地对我说："妈妈，你能不能再给我生个弟弟或妹妹？我的同学朋友他们都有弟弟妹妹，就我没有。"我说："妈妈年龄大了，另外工作太忙，对不起啊，没有办法再给你生个弟弟或妹妹了。"博文听了更加难过了，叹口气说:"那等你和父亲都不在了,这个世界上就留下我一个人了。"我当时听了,顿时哽咽了。我不让儿子看出我心里的酸涩,故意开玩笑对他说:"妈妈给你想个办法啊,就是等你大了,找个老婆,可以生很多的孩子,妈妈帮你带大。这样,你在世界上就会有很多的亲人了。"

六岁的博文像个小大人儿似的摇摇头,叹口气:"唉,老婆可不好找啊。"

我笑了,但在我心里,却看到了儿子的孤独和胆小。我心里想:"亲爱的儿子,如何才能使你在独自面对这个世界的时候不再害怕、不再哭泣、不再恐惧、不再孤独?如何才能帮你变成一个内心强大、相信自己、勇于向未知和困难挑战、执着追求梦想的孩子?"我很清楚无论父母如何努力,都无法时时刻刻保护儿子不受外界的任何伤害,他总要离开我们独自面对各种各样的环境,我们必须帮助他建立自信和勇气。

每一个孩子的成长中都会或多或少地产生创伤,可能由于父母的无知、无奈,可能由于外部的环境。我们无法阻止这些创伤的发生,但可以努力去探寻从什么地方入手,帮助孩子疗愈这些创伤。于是,我和先生想了很多办法,帮助小博文多交朋友,增强自信心,锻炼他的社交能力。我们在孩子这个关键时期所做的,对孩子性格的改变至关重要。

帮孩子交朋友

我们当时居住的是政府福利房，邻居们大多数收入比较低或是失业家庭，孩子非常多，非常集中。为了让博文不孤独，我们每天都让邻居家的小朋友们来我们家玩。北爱尔兰人一般不唱卡拉OK，所以最吸引他们的是我们从国内背过去的卡拉OK机和麦克风。当时正是辣妹组合最流行的时候，有几个六七岁的女孩，每天用我们家的麦克风唱辣妹的歌，扭来扭去地跳舞，博文和那些男孩们也跟着她们跳。

当时我们居住的小区住的是社会底层的人群，由于我们对邻居家孩子们的友好态度，使得我们和邻居的关系非常融洽。博文开始不让其他小朋友动他的玩具，还用汉语去教训其他小朋友，后来逐渐过渡到和他们玩成一片。不过，对那些来自不健康家庭的孩子，我会带着博文尽量远离。我们那时没有条件搬迁，但"孟母三迁"的故事一直都在我的记忆里。

这段经历对博文的健康成长非常关键。如果我不主动走出家门，和社区邻居们来往和走动，不为博文创造条件、提供环境，博文很可能会变得孤僻、不合群，或者没有胆量和信心去接触别的孩子。如果不能突破这道心理障碍，随着年龄的增长，很可能会更加难以融入当地孩子的群体当中。

等博文上小学之后，我和博文的父亲又开始帮助博文邀请同学到家里来做客。通常是我们带他们到麦当劳或比萨饼店吃一顿快餐，然后到家里来玩。由于活动安排在我们家里，又有父母的帮助，这样博文就不紧张，就会有自信心。不仅如此，博文的父亲还常常带博文和他最好的朋友一起出去运动或郊游。有父亲陪伴的男孩，性格都会更活泼、开朗，博文的父亲这一点做得真的很好。他像当地的父亲们一样，像孩子一样地和博文以及他的同学们一起"摸爬滚打"。

我们来到北爱尔兰，最初震撼到我们的是这里的父亲们下了班之后尽量回家陪孩子玩耍。在大街上、公园里，我们经常看到父亲们抱着孩子，或者和孩子们踢球、骑车。这里的父亲们很少在外面应酬，他们认为陪伴孩子成长是人生的最大乐趣，孩子成长过程中父亲的角色不可或缺。他们没有所谓父亲的威严和形象的顾虑，经常把自己装扮成小孩子一样和孩子玩耍。在当地父亲们的影响下，博文的父亲也和孩子们一起嬉闹，玩打水枪游戏，和孩子们一样被水枪打得衣服都湿透了，绕着房子互相追赶。在这样无拘无束的气氛当中，博文可以放松地和朋友们玩，他的朋友们也愿意来我们家里陪博文玩。慢慢地，博文在班级里发展了几个要好的朋友，在学校里他就不再孤单了。

博文班里的那个男孩安觉，学习很出色，性格也很好。我们有意识地帮助博文和他成为好朋友。安觉的父亲是个法医，母亲过去在苏格兰时是律师，举家来到北爱尔兰之后，由于法律体系的不同，她无法再当律师。于是，她在贝尔法斯特北部的一个美丽的海滨小镇开了一家美容店。虽然规模不大，但她为人热情和善良的性格为她赢得了一些老顾客。安觉是他们家的老大，家里还有一对比他小一岁的双胞胎。

博文几乎每周都去安觉家玩，常常住在他们家里。安觉的妈妈像对自己的孩子一样对博文。博文特别喜欢她做的饭菜，安觉的父亲常带博文到郊外钓鱼、玩飞盘、射击等。安觉到我们家的时候，我负责做吃的，博文的父亲和这两个小伙子在地上"摸爬滚打"一起玩。就这样两个孩子一起度过了七年的快乐时光。安觉的口才很好，两个孩子互相比着学习，对彼此的成长都非常有益。

心理学家说，家庭教养的作用在个体进入儿童时期后，对儿童个体的影响就会逐渐被同辈群体等来自家庭之外的因素超越。我们有意识地帮助儿子走进他的同辈群体文化中，弥补了我们作为外来族裔在异文化中的不适应。就这样，童年的博文在我们的支持下，迈出了走向社会交往的第一步。

我家的Party

在我们住过的社区，很多邻居都知道我们家的Party。

博文上中学后，我们开始逐渐放手，让博文自己安排聚会，做聚会的主人，我们退到幕后支持。通常博文先告诉我们他希望组织一个多大规模的派对，选好日期之后，我们就开始帮助博文进行策划：邀请人数、范围，邀请信发出时间、内容（包括联系方式和家庭住址），购买的饮料和小吃数量，一次性盘子、杯子的数量，几个人的家住得太远需要在我家过夜，准备多少睡袋和临时被褥，结束时间等等。当博文的朋友们到达之后，我和先生躲到楼上不露面，一切交给博文，这样孩子们就感到无拘无束，很能放得开。

节假日，博文把一批批朋友请进家之后，给大家倒上饮料（按照英国法律，十八岁以上才能喝酒），开始介绍大家互相认识、交谈。等气氛逐渐热烈的时候，常常是博文开始弹奏钢琴，和大家一起唱流行歌曲，或者和另外三个同学表演无伴奏男声四重唱，之后大家开始随着音乐跳舞唱歌。

这样的活动，往往我们事先通知周围邻居我们家要搞派对，希望他们谅解。为了防止孩子们玩得太高兴控制不住自己，我事先规定晚上十一点半以后不许再到外面的花园里活动，一切都要在室内以免影响邻居。

在博文长大的时光里，我们家举办过无数次这样的聚会。先不说我和先生为孩子们所用的花费，光每次收拾房间也是一件很麻烦的事。他们都是些孩子，经常是一聚二三十个，兴奋劲儿上来不小心也会弄得满地饮料，地板上粘的蛋糕擦好几遍也难擦干净。我和先生在楼上只吃饼干喝水，一等就是一晚上，有时那些当天没走的孩子，睡得满床都是。

试问有多少家长愿意这样付出？为了儿子能够融入社会、学会社会交往，我和先生也是用了"洪荒之力"啊！不过，我们觉得所有这些付出都是值得的。这样一次次的活动，不仅给博文和他的伙伴们带来了成长中的快乐时光，还锻炼了博文的交际能力、沟通能力和组织能力。

通过多年这样的努力，博文从一个胆小不说话的孩子，成长为一个交际很广，非常受同龄人欢迎的青年小伙子。他不仅和同年级的同学，还和其他年级、其他学校的孩子成了好朋友。到了剑桥大学之后，他很快就朋友成群。剑桥大学三一学院数学专业的学生有一个外号，叫"数学魔"。这个外号是形容这些极其聪明的数学才子常常见了人就害羞，或者衣冠不整，在冥思苦想着某个数学难题。剑桥大学还流传着这样的故事：几个三一学院数学专业的学生在学校餐厅吃饭，十几分钟没有人说一句话，只是闷头吃。突然一个小伙子冒出一句："X等于5。"突然间，闷头吃饭的几个"数学魔"就开始热烈地讨论了起来！博文到了剑桥之后，新的朋友常常问他在哪个学院学什么专业，当他们得知他是三一学院数学专业的学生时，往往很诧异："你可不像！"

我很欣慰博文在这样一场场的Party里，找到了自己的世界，也找到了通向他人世界的美好路径。

一架老钢琴

　　一架老钢琴,伴着儿子走过了十几年的时光。钢琴上,放着儿子出生时他父亲送给我们的那盆干花。儿子坐在钢琴前,弹着他喜爱的钢琴曲。夕阳透过落地玻璃窗,余晖洒满客厅。如水的音乐里,我仿佛看见儿子年轻的生命,有光亮照耀,有激情流淌……

　　这架钢琴,带给儿子的不仅是音乐的滋养,更重要的是坚持弹练钢琴对儿子的毅力是一个很好的训练。

　　记得多年前的那个下午,从一个遥远的地方运来了这架像古董一样的钢琴。它的前主人因为年纪大了无法弹琴,要八百英镑卖掉它,我从当地的报纸上看到出售信息,那时候我们没有更多的钱用来买新的钢琴,就给儿子买下了它。钢琴的女主人在电话里对我说:

"我弹了好几十年了，很爱惜它，你们要把它保护好。"

就是用这架旧钢琴，儿子拿到了英国钢琴考级的最高级八级之上的 Diploma，这个级别是可以当老师教钢琴的。按我们家现在的经济条件，可以给儿子换一架好钢琴了，但我们还是在客厅里保留着这架老钢琴。一是我们觉得培养孩子的音乐素养不在于给他多么好的条件，而是在于培养他对音乐的热爱，培养他的韧性和专注力。二是我们不舍得，因为它记录了博文从八岁开始学钢琴到现在的点点滴滴。它已经不仅仅是一架钢琴，而是儿子生命里的一个伙伴。现在他每次从学校放假回家，也都是情不自禁地到钢琴前弹着某一首曲子，就像和他小时候的朋友说说话。

我经常和儿子像大人一样地聊天。有一次，讨论到我和他父亲从小对他要求很严格，像大多数在英国的华人家长一样，对孩子有较高的期望值，希望他的生活丰富多彩，让他学舞蹈和钢琴等，并参加各种比赛。我问他这样的教育是否让他产生心理阴影和压力。

儿子说："我确实经历过你们的高期望给我带来的很困难的阶段。但是也正是由于你们给我的压力，使我到达了自己可能达不到的高度。幸运的是，我交往的朋友也和我一样很上进，还有你们带我学了那么多特长，话剧、跳舞、钢琴等。你们都没有强迫我学习不喜欢的项目，并且教育我一旦选定，就坚持做好。你们给我的压力使我更坚强，不再惧怕压力和挑战。这对于我现在在剑桥大学艰苦的学习非常有帮助。如果我当年不练成坚持的毅力，现在很难应对三一学院数学系繁重的学习任务。"

我曾经听过一个说法，说是音乐对学习数学很有帮助，尤其是音乐在学生早期学习中可能有积极的作用。学习音乐不仅仅需要对音乐整体背景的了解，还可以帮助学生培养团队精神和社会交往的能力，比如，与自己的乐队或合唱团参加各种演出，需要分工协作，这就是锻炼一个人社会交往能力的途径。我愿意相信这种说法，博文确实从中受益匪浅。

　　博文曾经给我写过这样一段文字："孩子很容易沉迷在眼前的游戏当中，忘记了人生重要的几步要把握好。你们使我看到了人生长远的规划，使我意识到把玩游戏的时间多花在学习上，进入好大学，对我未来有好处。比如在我准备STEP考试（由剑桥大学开发的本科数学入学测验）的时候，你们让我意识到当时的辛苦和努力对我下一步进入剑桥大学非常关键。那6个月的时间是我人生最困难的时候。如果没有你们的激励，我自己恐怕没有毅力坚持下去。你们让我意识到我离剑桥大学只差最后一步了，坚持下来就是胜利。现在想想父母对孩子一定程度的高期望值，对孩子的成就还是有很大影响的。只不过这个高期望值，要顺应孩子的兴趣。"

　　儿子的这番话，给了我莫大的安慰。说实话，在英国的社会里，我看到父母对自己孩子很宽松，有时候也觉得我们华人父母和孩子一起努力得很辛苦。英国的学校几乎每个学生都学习至少一样乐器或者参加合唱团，但是很多孩子因为父母管得宽松没有坚持学到底。而我对博文要求很严格，并鼓励他去拿奖。这并不是为了证书，而是以此激励他更好地培养音乐素养和爱好，培养对音乐更广泛的理解和欣赏。想想博文当年学钢琴的日子，我也是和国内的父母一样，辛苦地陪着儿子练琴、跳舞，牺牲了自己很多娱乐、休息的时间。看到今天音乐艺术对儿子生活的影响，心中甚是欣慰。

在学习钢琴的过程里，真正激活的是孩子的灵魂。一个被或曼妙或澎湃的音乐打开的心灵，在其中所获得的自由和创造力，会让他的生命进入高度"纯一"的状态。这种"纯一"经由孩子的自由意志，进入创造状态。无论是在音乐、文学、绘画、建筑，还是科学、数学、经济学等领域，这种状态都会让孩子的创造力得以被激活。

我认为，所谓父母对孩子的教育，除了自己的示范，更多的是为孩子创设环境的过程，是把各种教育资源包括自然、艺术、人际交往等汇集到孩子身边的过程。我和博文的父亲在这方面也尽心尽力了。

父亲的馈赠

健身和运动，是北爱尔兰人生活中不可缺少的组成部分。很多北爱尔兰男人认为生活中最享受的事情就是周末在家里喝着酒看球赛。从小学开始，这里的孩子们就参加足球、板球、曲棍球、游泳等各种运动，每天上学除了书包还要带一个运动服装包。除了学校里安排的活动外，很多孩子都去附近的运动中心参加培训班。

博文也是，他在家不是跑步就是练胸肌，还说将来工作后也要定期去健身房。

小学时，博文的小伙伴们来家里做客，他父亲就带着他们"摸爬滚打"玩水枪等，博文的同学们都很喜欢，这种一起疯玩的形式，让他们觉得跟大人没有距离感，所以大家都愿意来我们家。而且，他父亲还常常带他和他最好的朋友们一起出去运动或郊游，帮助博文交朋友。

有了父亲的参与和保护，博文跟小伙伴们玩时也很放得开，这是让我觉得很关键的一点。在家庭教育中，父亲作为男性角色，是培养孩子硬朗气质的最佳示范。父亲更能教育孩子独立、果断，具有勇敢精神和冒险精神。我曾在一本书里看到过美国的一项研究成果：由男人带大的孩子，智商更高些，在学校会取得更好的成绩，在社会上也更容易成功。对于男孩来说，与父亲的亲密相处与交流会使他们学会审视自己的行为、学会承担责任，他们从父亲那里观察、模仿男性的语言和行为，慢慢表现出男子汉气概。

博文现在这么爱运动，许多运动项目都非常擅长，这全要归功于他父亲。羽毛球、乒乓球、游泳等都是他父亲带着他一起学习。为了让博文和当地孩子一样养成运动的习惯，小学时他父亲天天带他进行各种运动，还把博文送到运动中心学习游泳和羽毛球，家里还购买了乒乓球、台球、篮球、跑步机等运动设施。博文上中学后参加了学校的橄榄球队。由于橄榄球运动很容易受伤，我一直比较担心，并不是很情愿让他参加比赛。但是博文一直坚持，并告诉我没有经过橄榄球运动锻炼的男人，不能成为真正的男人！即使在冬天，草地上结满了冰碴，他和同学们也照常训练和比赛，身上常常被划出很多血印。

帮助孩子学会一项或者几项喜爱并擅长的体育运动，这是我先生给博文受益终生的馈赠。因为运动给孩子带来的不光是强健的体魄，每一项运动，都是润物细无声的毅力教育。中国很多父母习惯跟孩子说"你要勇敢，要学会坚持"，在孩子没有体验的时候，勇敢、坚持这些概念对他们来说是空的、虚的。但在球场上，在体育馆里，他们为比赛流的汗，为进一个球胳膊的扭痛，两队对阵时雨后草地上的冰碴泥浆，这些都活生生地变成了体验坚持、毅力、主动、积极概念的媒介，这些品格就这样慢慢融入了孩子的血液里。

高中阶段，博文开始在家和健身房练胸肌和臂力。考上剑桥大学后，紧张的学习之余，他还坚持体育锻炼，还参加了学校的羽毛球队，进了甲级队。

在英国生活的这些年，关于父亲与孩子，我看到的、体会到的，最受触动的一点是：这里男人们的父亲角色都是做得比较到位的。男人一下班，一般都回家陪妻子和孩子。休闲时光，他们更习惯跟家人一起度过。而且，跟我们小时候习惯的父亲一脸严肃地读书看报干体力活、母亲在厨房忙碌、孩子只能扎堆自己玩的场景不同，他们经常是一家人在花园里玩，父亲跟孩子一起在草地上爬，父亲像模像样地骑着孩子的小自行车，腿都伸不开，还一脸认真地大叫着和孩子们比赛。父亲跟孩子一起踢足球，浑身都是草和泥……他们的父亲，大多都在用孩子的方式跟孩子一起玩，而不是"来，爸教你几道题"或者"去，去，去，找你妈去"。这些画面，让我这个在父权严肃的东方文化背景下长大的人看来，觉得特别感人。

另外，这里的学校开家长会，一般都是父母一起去参加。每次在博文的教室里见到那些成双成对的父母，我都会联想到国内那些忙于在饭局上应酬的父亲们甚至母亲们，他们无暇参加孩子的家长会，他们其中的一方可能都没有时间，更别说两个人一起出现了。我经常听许多国内的朋友抱怨，他们平时因为工作太忙，没有时间接孩子放学，如果家里没有老人帮忙，就把孩子托管给负责接放学、提供晚饭、饭后还监督写作业的"小饭桌"。一直到晚上七八点钟甚至更晚，孩子才能被父母接回家。这时大人孩子都累了，大家还能一起聊天做游戏吗？时间和精力都不允许了。

有时候我跟老外同事聊天，他们会半开玩笑半认真地说："中国人并不爱家。"他们的逻辑很简单：如果你爱家，为什么把对家庭来说如此重要的孩子扔给上一辈照顾？如果你爱家，为什么用那么多本应属于家庭的时间去加班？不可否认，在不同的文化背景里，人们对于生活的认知是有所差异。但是作为精神世界相通的人类，什么样的生活我们才会觉得是舒适的，是幸福的？我觉得这一点，无论东西方，大家的感受是相同的。

这么多年下来，我的体会是：英国人比较讲平衡，他们也不是不要事业，但是会权衡事业和家庭。比方说我有个同学，他明明可以升职加薪，但前提是要离开家到外地几年，他就不愿意，他觉得代价太大。他们觉得，和家人的关系及相处时间是再多钱也换不来的。

2

成 为 自 己

当博文开始接触家庭之外，

走入更广阔的世界时，

他常常带回一些令我们吃惊的观点，

即便再不舒服，我们也尝试去接纳，

我们知道，

那是他开始成为自己了。

随着他，

我们得以进入英国文化的更深处。

请把我的三明治弄薄一点

    估计每一个中国人，看到这样的一幕都不陌生：孩子在前面跑，忙着游戏或者别的，身后是一个甚至几个大人端着饭碗在追着哄他"乖，再吃两口再吃两口"……在中国孩子关于吃饭的记忆中，追着喂，应该是个典型得不能再典型的场景了。

    博文小的时候，食欲一直不错，但是我也有过哄他然后趁机用小勺塞进他嘴里一口饭的经历。可是英国的家长不会这样做。他们随孩子的意愿，想吃就吃，不想吃就不吃。我后来看过的西方教育书籍也告诉家长：知道饿是孩子的本能，父母不用担心孩子吃不饱而强迫孩子吃东西。

    在吃饭这件事上，我看到很多英国的父母会从小培养孩子按时吃饭的习惯。如果你这顿不肯吃，那在下顿饭之前如果饿了就饿着，他们一般不会给孩子加餐或者零食。他们用这种方式让孩子知道，要珍惜每一次吃饭的机会，如果不按时吃饭，就要付出忍受饥饿的代价。

而且，这样的习惯还包含了一层文化意义：每次吃饭，都是所有家庭成员相聚、交流的机会，按时同大家一起吃饭，也是塑造家庭文化与形成家庭凝聚力的重要时刻。这种参与感，有助于孩子心里对家庭的归属感及安全感的建立。

英国的父母，容许孩子很小的时候就自己吃东西。我常常见到脸上抹得到处都是冰激凌或巧克力的孩子。父母并不在乎孩子把衣服弄脏，他们认为孩子小的时候是学习生活本领的最佳年龄段，应该放开手让他们尽情地发展自己的各项能力。因为怕孩子弄脏衣物而抑制甚至扼杀了孩子探索世界、培养生活本领的能力，得不偿失。衣物脏了洗就是，他们的洗衣机利用率非常高，甚至还会把孩子的小鞋子都放进洗衣机洗。

小小吃饭一件事，反映的真是不同的文化及教育观念。

曾经在博文身上发生过一件趣事。他上中学以后，常常会像其他同学一样自己从家里带一个三明治作午餐。负责做这个三明治的父亲，饱受中国传统文化的影响，因为生怕儿子不够吃，往往会多多"加料"，把三明治弄得又厚又大。几次之后，博文开始抗议了。他说别的同学带的三明治都很薄，而他带的三明治太厚，每次吃饭他都得把嘴张得很大，这让他非常尴尬。

"爸爸，请把我的三明治弄薄一点。"博文很严肃地说，"要不然，我再也不带你做的三明治到学校了。"

别墅里的猫和逻辑思维

有一年回国的时候，我跟博文一起去他姑姑家。他姑姑家买了别墅没装修，她女儿喜欢猫，别人就送了一只，但他姑姑不喜欢，就把猫放在了别墅里，定期来喂食。后来，那只猫自己在房子里就抑郁了，它刚来的时候还贴着人乱叫，后来一声都不叫了。我觉得很残忍，就跟博文的姑姑说："它毕竟是一条命啊，应该把它带回家去，哪怕把它关在某个小房间里，毕竟房子里还有人陪着。"

听我说完这些，博文就马上说："妈妈你这话说得不对，如果你认为它是一条命就应该对它好，那苍蝇还是一条命呢。只是因为猫比苍蝇长得可爱，我们就该对猫比对苍蝇好吗？"

对于儿子这种直言不讳的"批评"，我都已经习惯了。从他上学后，我们在家就经常辩论，就事论事，对一件事情各自发表看法。我的很多传统观念，经常在辩论中受到挑战。在这个过程中，博文从来不会因为我和他父亲是长辈，就说："好吧，你们的经验比较多，听你们的。"他从来都是说："你持这样的观点有根据吗？是有哪个组织的研究结论支持，还是有数据显示是这样的？"跟博文辩论，我甭想引出个什么别的话茬儿跑个题，狡辩一下。一旦我开始信马由缰，他会说"现在我们争论的和这个没有关系"，接着就把我扯回来继续讨论原来的问题。他的思路自始至终是清晰的，那就是要讲逻辑。

国内的很多亲友，见识过很多次我们家这种在他们看起来独特的"交流"方式之后，刚开始会觉得这个孩子有点没礼貌，跟大人顶嘴让父母下不来台，我就跟他们解释我们家的"辩论史"。博文的中学阶段，尤其是中学阶段的后三年，是中西文化在我们家不停大碰撞的阶段。当博文逐渐长大，有能力挑战我们的传统观念时，使我们意识到中西育人方面的差异。这样的挑战使得我们有机会反思自己过去认为"绝对正确"的观念，经过思考，我们接受了一些当地的育人理念，比如容许孩子不同意父母的意见，并与父母展开争论；容许孩子自己做决定；容许孩子冒险等。

这种以逻辑为基础的家庭和平辩论制度，我也在这么多年所读的心理学书籍中找到了理论依据。在世界知名的家庭治疗师和心理治疗师萨提亚的体系中，关于"何为和谐家庭"，萨提亚说，在这样一个家里，我们可以自由地倾诉，也乐于去倾听，我们会得到关心也会愿意为他人着想，我们可以毫不掩饰地流露爱意，也能同样地表露痛苦和不同意见，因为大家都能理解冒险必然会犯错，而这些错误是我们成长的标志。

从这点来说，虽然我还不敢说我们家就是一个标准的和谐家庭了，但最起码，我们是在朝向和谐家庭的路上一步步靠近的。

在我们的传统文化里，有一种安全感叫人云亦云，叫随大流。而在英国，不管是教育环境还是职场环境，都强调每个人要有自己的判断。这种情况可能和他们从孩子小时候就在教育中强调的批判性思维、独立思考能力有直接的关系。

这种能力是怎么养成的？在我的观察中，我认为跟他们学生时代的阅读息息相关。

朋友与阅读之路

自古以来，我们中华民族就是十分重视读书和热爱读书的民族，对"知识"的看重和依赖，其实已经深深地渗透到了我们民族的血液里。但尽管如此，作为改革开放后第一代中国大陆移民的我们，在国内还算是高级知识分子，但到了北爱尔兰后，在博文的读书选择方面我们还是感到力不从心。

因为我们对英国当地的历史、文学、政治、经济、传统、文化所知甚少，对社会的了解也很有限，所以每次去书店，除了博文要的《哈利·波特》之类的流行文学作品之外，唯一可以帮他挑选的就是关于学校课程的辅导书。

幸运的是，博文在学校认识了很多好朋友，让他在阅读方面受到了很多正面的影响。从一开始进入麦瑟底中学，他就和一个叫约翰的男孩经常来往。约翰特别喜欢读书，尤其是历史、文学、政治、哲学这类书籍。博文的兴趣更偏重理工科，因为对数学的爱好，博文在跟约翰的交流中对哲学产生了浓厚的兴趣。两人在哲学方面爱好相同，所以就常常在一起探讨大到哲学方面的宏大命题、小到同学之间关系的各种事情。即使两个人的生日礼物，也总是商量好，给对方买一本对方希望得到的书。

国内的家长和教育者们都可能觉得哲学应该是大学哲学系的学生才学习的，中学阶段应该集中精力把基础知识学好。英国的中学生却不同，不仅仅是约翰和博文，他们的同学们都是从小学时代就开始读莎士比亚。这种读，不是死记硬背，不是归纳中心思想，而是用话剧的形式表演，让孩子既记住了台词，自己又能参与……从博文和他同学阅读的课外书上可以看出，涉及的领域非常广泛，很多都是关于哲学和宏观世界方面的。

在法国，高中把哲学作为必修课已经有两百年历史了。按照法国教育部大纲的说法，这样做的目的是为了培养学生的批判性思维。另外，哲学对于思辨习惯的培养，对于独立思考能力的培养，对于人文素质和公民觉悟的重要性，在整个人类文明史中已经毋庸置疑了。

许多教育学家的研究表明：哲学催生了数学和语言逻辑，它们是天然的盟友。对于无数苦恼于孩子数学"不开窍"的家长来说，有些老师看似开玩笑说的"学好语文才能学好数学"，其实是没错的。因为使数学简化的关键，是孩子是否真的懂得了语序逻辑性。也就是说，对语法的理解，才是真正推动数学思考的核心。

博文书架上的一些他中学时读过的书

《哈利·波特》全集(*Harry Potter*)

《哲学入门》(*The Philosophy Book*)

《哲学的问题》(*The Problems of Philosophy*)

《50个政治观点》(*50 Political Ideas*)

《语言的真实和逻辑》(*Language Truth & Logic*)

《大宇宙》(*The Universe at Large*)

《扭曲的人性之材》(*The Crooked Timber of Humanity*)

《知无涯者:天才数学家拉马努扬传》(*The Man Who Knew Infinity:A Life of the Genius Ramanujan*)

《费玛的最后定理》(*Fermat's Last Theorem*)

《到达和超越无限》（*To Infinity and Beyond*）

《你一定是在开玩笑，费曼先生》（*Surely You're Joking Mr. Feynman*）

《自然规律中蕴蓄的统一性》（*Hidden Unity in Nature's Law*）

《呐喊：克拉科森的世界》（*For Crying Out Loud：The World According to Clarkson*）

《素数的旋律：为什么这个还没解决的数学问题很重要》（*The Music of the Primes：Why an Unsolved Problem in Mathematics Matters*）

《如何解决它：解决数学问题的传统手法》（*How to Solve It: The Classic Introduction to Mathematical Problem-Solving-with a Foreword*）

《优雅的宇宙》（*The Elegant Universe*）

《上帝不伟大》（*God Is Not Great*）

《马可·奥勒留的沉思》（*The Meditations of Marcus Aurelius*）

《上帝妄想》（*The God Delusion*）

从小就做大题目的作业

在小学快要毕业的时候，我发现博文和他的同学们就开始做一些在我看来非常大的作业题目，比如，"动物的权利""安乐死是否合理"等这类社会问题。

这些问题本身在西方世界都是很有争议性的，有形形色色的观点。为了完成这些题目，博文要先和父母、同学做初步的探讨，通过网络或图书馆查找数据、案例等相关的信息。然后和分到一个小组的同学们一起商量如何安排结构，选哪几个经典案例来论证，提出一系列问题，鼓励进一步的讨论……最后，博文和同组的同学们要在全班同学面前以幻灯片的方式演讲自己完成的题目。

这样的方式，与我们从小接受的教育形式大相径庭。所以我也跟博文讨论过，问他为什么学校没有让他们背诵和记忆那么多的现成知识。博文想了想，回答我说："记忆的东西常常过几年就忘记了，可是如果学会了如何对问题或现象展开分析、得出结论或找到解决办法，那么以后就会受益无穷。"

这是一种思维方式的培育与演练。

通过这样的方式，让孩子们无论碰到什么样的新问题，首先知道到哪里和通过什么渠道去获取需要的信息，知道该如何去整理思路，如何寻求证据和素材，懂得如何用最有效的方式和结构表达自己的观点，最后习惯于在众人面前讲述自己的观点，回答预想不到的诘问和质疑。这种教育理念和方式贯穿了整个英国中学和大学教育，影响了所有英国人的思维方式。

关于他们从小学就做那么多"大题目"作业这个问题，我也专门找博文的老师交流过。老师告诉我，让孩子从小学的时候就想这些问题，他们可能受年龄的局限，思考得很浅；中学的时候做，类似的问题就会理解得深一点；进了大学，思考得就更深……这不是一下子就悟出来的过程，而是一点一点的进步。

进入初中后，学生们逐渐开始形成了自己的观点，在课堂上，老师会向学生抛出一些问题，让他们对此进行讨论。比如宗教课，基本上是以老师和学生交谈的方式进行，而不是老师在上面讲，学生在下面听。他们在课上会讨论安乐死是否道德这样的问题。

博文的老师曾经在课堂上提出这样的问题：对于身患重病，无法治愈的病人和遭受着极大痛苦的病人，在病人的要求下，医生是否应该帮助病人结束自己的生命？

有些有宗教信仰的学生会认为：生命是上帝给的，我们没有权利决定何时结束自己的生命，应该听从上帝的安排。

另外一些学生会认为：自己有权利决定是否以及何时结束生命，尤其是在没有治愈的可能并且活着就是受罪的情况之下，结束生命是让病人结束痛苦。如果非要以上帝的名义，继续让人遭受痛苦就是不人道，是残酷的行为。

还有学生会认为：医生的责任是为人们解除或者减少由于生病产生的痛苦，而不应该是用结束生命这样的办法帮助人们摆脱痛苦。而且人们的想法在不同的时间和场合下可能会发生变化，某一天病人不想活了，第二天可能又想继续活下去。如果医生帮助病人结束了生命，或许就将本可以活下来的病人送上了不归路。

不论什么观点，老师都不会去评判对和错。任何人的任何观点，都使对话和讨论的内容更加丰富和全面，也使孩子们学会从多个角度去分析思考问题。

博文告诉我，这样全班一起讨论的上课方式对自己非常有帮助。这样的训练方式帮他形成一种思维习惯，那就是对任何观点都质疑。这样的思维习惯，使他并不因为多数人或者是现实社会认为正确的观点就盲从。

博文进了剑桥大学之后，我问他有没有感觉到从中国或别的国家来的学生，他们因比英国的学生在中学期间学的课程多而有优势？博文说没有感觉到，即使他们在中学时的学习量多很多，可能第一学期有点优势，但一年之后就几乎什么优势都没有了。他觉得，一个人的学习潜力是和他分析问题、解决问题的能力有关的，而不在于多学了多少课程。

剑桥大学招生时，主要也是考察学生的学习潜力。他举了个自己的例子：为了解共产主义，他特意买了一本叫《50个政治观点》的书，全部研究透了之后跟我辩论。

尽管多年过去，在英国的职场环境和儿子的影响下我已经接受并开始训练自己的独立、辩证思考的习惯，但博文有时候还是会半开玩笑地跟我说：跟一个轻易就下结论的人争论特别头疼。因为当你知道得越多，对这个世界的了解越多元越客观，思考得越多，就越不敢下结论。而我们这一辈的人，从小就被教育听话，听家长的话，听老师的话，习惯任何问题都只有一个标准答案，没有多想的机会，没有争论的机会，没养成这种思考能力，容易过激，容易轻易下结论，容易不客观地看问题。

这些思考和改变，都是从小就接受西方教育的儿子，间接带给我的。

这个问题没有标准答案

曾经指导我做硕士论文的导师，有一次非常生气地跟我说中国学生惹怒了他。我问怎么了。他说为了帮助学生准备考试，教授往往会把以前的考试题目类型给大家看一下，好让他们有所准备。结果有一个中国的留学生，看到教授给的题目之后，问：这道题的标准答案是什么？听到学生这么说，教授有点惊讶，但还是向他解释：这样一道文科题目，其实并没有标准答案。目前世界上有四种看法，哪种看法的持有者都有自己的道理。你在研究题目的过程中，认为哪一种看法有道理，去阐述就好。听完这番话学生走了，没过多久又放心不下回来找他，问："老师你觉得哪个有道理？"

从国内出来的我，其实能够理解这个学生的这种做法，他是想知道老师倾向于哪种观点，他要跟老师的观点靠近，保证尽量不丢分。但教授的想法是：我不知道哪个有道理，每个人都有自己的观点，你只要能够论证得有理、能够自圆其说就可以了。这个故事的结局是：学生回去跟别人说这个老师水平有限，竟然不知道答案是什么。

关于"标准答案"这件事，我在英国这么多年，在大学上课也好，或者在工作的地方开会培训也好，讨论起一个话题来，很少听到一群人互相说"你说的不对，他说的对"。大家永远都是七嘴八舌，你从食物的角度分析这种观点有道理，他从宗教出发又提出另外一种看法，我从历史或者语言方面，可能又会得出另外一个结论……大家把一个个分析与结论都写在黑板上，再讨论、分析，这个是不是可能更贴近一点？那个为什么有些说不通？如果讨论是为了开会需要，最后大家会一起商讨出一个所谓的"官方答案"。但也没有任何人会觉得自己刚才发表的那个观点错了，或者因为自己的观点不是"官方答案"而受打击。

后来我发现，在当地文化中，每个人在表达自己观点的时候都力求客观，不给别人下结论。这样的能力被公认是成熟的象征。

英国的孩子，从小到大所接受的教学方法都是这样，做开放式的题目，让孩子在查资料、做社会调查和对题目分析的过程中形成自己的观点。你的观点，是由你所收集的这一切支持的，然后在课堂上用生动的方式，比如PPT、自制的简单道具、自排的小品剧等演示给大家看。在一个人或一组人论述的时候，其他人会跟着这个过程想，头脑风暴，大家可以七嘴八舌自由表达自己的观点。他们要培养的是每个人都有真正属于自己的头脑和心灵，每个人都有不趋从于任何人的思考和判断的"我自己"。

我还遇到过这样的一件事，国内一所名校的一个大学生到贝尔法斯特做交流生，正好他们学校的老师也去这所学校访问，我们一起吃饭时那个学生就对国内的老师说："这里学校以外的活动我都不去参加，我怕被他们'污染'了，我只参加大学学联组织的活动。"我对他说："你要相信自己的判断能力，社会是大课堂，只要不犯法，你应该去了解当地的社会、宗教、文化等各个方面，你自己接触、了解、判断之后，才知道自己的选择是什么。"这个学生的闭塞和干脆对外界一刀切的拒绝，其实恰恰显示了他的不自信。他害怕被"污染"被同化，恰恰是因为他心里没有一个真正的自己。

初到英国的那些年，因为不了解这里的中学小学是什么样的教学方式，我也曾经有不少的担心。但后来因为博文就在这样的教育环境里长大，他从学校回来，表现出的点点滴滴，带回来的一些对我们传统教育观念的"挑战"，让我对这个社会的教育理念逐渐有了了解和理解。有时候在家里，我会经常下意识地用从小自己父母经常说的那句话教育博文："我吃的盐比你吃的饭还多，我经历过，所以不想让你走弯路……"博文一听这话就很不高兴，他说："一个生命的价值不在于去走捷径，每个人经历的时代不一样，每个人的个性也不一样，你怎么就能说你走过的路一定是我要回避或者我要经历的呢？咱俩争论是平等的，你不要用家长的威严来压制我做结论。"

每当出现这种辩论的局面时，虽然我这个当妈的经常被儿子"反击"得哑口无言，但心里真是对博文既满是佩服，又倍感欣慰。我的孩子长大了，他有了自己的见解，没有比这更棒的事了。

无论孩子的想法多离谱，
老师从来不说"你的想法错了"

　　我曾经无数次参加过博文小学、中学的活动，从来没有发现老师会在课堂上很权威地说"某某的答案是错的"等结论性的语言，而是用一种开放性的方法，把孩子们的答案汇聚到一起，引导孩子们自己阐述、分析各种答案的由来，孩子们在这个过程里自己发现正确的答案。

　　工作之后，也处处体会到英国教育里面贯穿的这种教育理念。比如我曾经参加过一次关于文化的讲座，老师先提出一个问题："什么是文化？"在座的学生们给出各种答案：食物、习俗、语言、法律、服饰、体育……无论答案多么离谱，老师不做结论，而是继续深入讲解文化的特性，让学生明白其中的要素。往往上课一开始就是"头脑风暴"，每个人都可以尽情地讲出自己的想法而不会被老师和同学嘲笑，同时倾听别人的想法。最后给学生们留的也是小组作业，引导学生们在讨论中发现。小组作业分工协作，每个人负责完成其中一部分，最后汇总。这个过程锻炼了孩子的探索和团队精神。

我在国内的一个朋友的女儿曾经上课最不愿意举手发言，问她原因，她说："我才不傻呢！答错了罚站，答对了也不表扬。"这是十五年以前她读小学时发生的事情，不知道今天国内课堂上是不是还有这样的事情发生？回想我自己读书时，其实也是怕上课回答问题的，主要的原因还是怕被老师伤了自尊。而对一个孩子来说，作为权威人士的老师的评判，是何等的"权威"啊！如果老师再不注意，加上言语的刺激，那几乎是对那个幼小心灵的摧毁。

一个孩子自尊的高低，不仅仅影响孩子的学习成绩，还对孩子的情感发展、社会能力等起着非常重要的作用。所以父母、老师在展示自己的权威时，更要注意保护孩子的自尊，保护孩子的好奇心，让他们努力享受学习的过程，有能力集中精力，喜欢挑战，让他们知道他们是和自己竞争而不是和别人竞争。这样，他们才能够用正确的态度，去接受有一定压力的任务和对自己没有尽责任的惩罚。

这是一种观念的改变，但从知道到做到，还有一段很长的距离。我觉得这一点，我们真的需要好好地学习英国的教育。

这样的环境使得孩子们没有顾虑地说出自己天真的想法，更不用担心自己被否定会很尴尬或失去自信。学校和社会对各种不同或新奇想法和行为的宽容，激发了整个社会的创造力。最明显的效果是，我发现当地的学生和成人，绝大多数都是演讲家，他们都非常善于表达自己和参与讨论。在英国大学里工作的近二十年中，我发现不善于表达给中国留学生和一些华人教师带来了很多困难和障碍，阻碍了他们才华的发挥。有一年我组织国内中学生夏令营，为了减轻我翻译的工作量，有一些专业介绍，我安排了几位华人老师。结果学生们对华人老师的讲解并不感兴趣，而是被当地老师们生动的介绍深深地吸引了，尽管当地老师们的介绍需要翻译他们才能明白。

初到英国的时候，看电视里歌手选秀节目，我感到最滑稽和不可理解的是，很多唱得极差的选手，甚至跑调的人，打扮得奇奇怪怪的都敢到台上参加表演。这样的节目可是全国观众都在看的！当裁判说这样的歌手不够好的时候，选手们还常常感到很吃惊。我心里想，中国的选秀节目不会让这么多"不自量力"的选手上场的。对英国文化了解多了之后，我才明白这是鼓励和宽容文化中产生的一种现象，同时也明白了这种英式幽默。

多年来我还发现，当我产生一些想做点事情的想法时，来自国内家人和朋友的建议往往是看是否现实和可能产生的困难。而当地朋友和博文的态度则完全不同，他们给我带来的是摩拳擦掌和"生命短暂，干自己喜欢的事情就不白活"的鼓励。

仔细想想，有多少推动人类进步的发明创造都是来自那些似乎不靠谱的人和点子呀！

校长亲自给博文寄来贺卡

博文进入中学后的前四年，并没有像我想象的那样比小学紧张很多。放学还是很早，上午九点上课，下午三点多就放学了。他们的作业也很少，常常半个小时就做完了。除了学校里的合唱团、乐队或话剧表演排练之外，每天玩耍的时间非常多。后来，博文开始准备参加全英数学比赛，我发现学校没有提供任何的课外辅导，最多数学老师提前一天把以前的考卷给博文看一看。

经过博文的小学和中学阶段后，我对这里的中小学教育有了初步的感觉：在小学里，学校和家长都抱着一切顺其自然的心态，很少人会要求孩子拼命努力只为了强化某方面的成绩，只有当学生自己对某个方面感兴趣，出于自愿，才会在这方面多花精力，也会自己在校外找辅导老师。但这种现象似乎在中学里并不是很普遍，而且他们课外老师补习的程度也和国内的强化训练无法相提并论。这边反对课外补习的大有人在。有专家指出，通过强化训练实现高分的做法，从学生长久发展来看，实际上对学生学习能力造成了损害，得不偿失。

这里曾有一位华人家长，为了孩子不"输在起跑线上"，总是提前让女儿把下一学年的课程学完。这一做法遭到老师的严厉批评，老师说这样做使得孩子对上课失去了兴趣。

博文参加的数学挑战赛，规则是第一轮所有报名的学生都可以参加，分不同的年级，有时两个年级一起参赛并考同一套试题。第二轮每个学校选出前两名参加比赛。博文每一次参赛都进入了第二轮，在全英取得的成绩都不错。在整个比赛的过程中，我的感觉是学校并没有把博文取得的好成绩作为学校提高名气的手段，而是鼓励学生继续努力。就因为博文数学比赛取得了好成绩，校长还亲自给博文寄来了贺卡。

再后来，我慢慢发现：由于学生所学的科目繁多，博文所在的麦瑟底中学在各个科目、各种比赛中获奖的学生非常多。所以，在这里那些成绩好的"好学生"，并不像国内那样备受学校和家庭的追捧和宠爱，他们同学也似乎对只是学习好的学生不感兴趣。英文中有一个专门形容书呆子的词叫Nerd，没有人愿意被同学叫作Nerd。反倒是由于当地人对体育项目的热爱，学校的体育明星，比如橄榄球、足球特别突出的学生，在学校非常有名。

年轻人对明星的崇拜，让很多在学习上不突出但有文艺和体育特长的学生，对自己的未来也是充满信心。当然，英国的教育者们还是认为英国的中学应该形成一种文化，那就是对读书好的学生的崇拜。但同时，他们也在坚持一个原则，那就是"学校不只是少数尖子生的学校，更是每个学生的学校"。他们更看重的是每个学生自我成长的尺度和空间，而不是横向的比较。

出于对英国中学教育的好奇，也因为我所从事的大学招生的工作的需要（因为中学教育与大学教育是一脉相承的），我曾经专程上门拜访了博文曾就读的麦瑟底中学的校长，上述原则，就是这位会亲自给学生写贺卡的校长亲口告诉我的。

校长告诉我，几年前，麦瑟底中学也曾经有过专门针对剑桥大学、牛津大学这样顶级大学的班，后来取消了。原因是他们发现为每一个学生找到最适合自己的学校和课程，才是最重要的。"剑桥大学和牛津大学的课程并不适合每一个学生。举个例子来说，剑桥大学的医学理论性非常强，本科前三年是学纯理论，只有到第四年，学生才有机会接触病人。有些学生不喜欢这样的课程，更喜欢选择实践性非常强、很早就能接触病人的大学学习医学。"我想英国学生这种按照自己的兴趣放弃进入名牌大学的做法与学校和家长一贯遵循的让孩子跟着自己的"心"走有直接的关系。

"从个人角度，我认为什么事情都需要把握一个合适的度。我们既要推崇对知识的追求，同时又不能让那些读书不是他们强项的孩子们失去信心。"校长先生说，在北爱尔兰，无论家长还是社会，对他们的教育理念和方法都非常认可，没有人会认为分数比能力还重要。

和朋友出去玩是浪费时间吗

　　虽然我很赞同孩子小的时候应该以玩为主，而且我和他父亲也花了大量的时间培养博文的运动和社交能力，但是等博文进入中学，尤其进入高中后，我们还是常常会要求他把闲暇时间多用在读书上。

　　对我们的这种要求，博文似乎并没有太在意，他依然还是按照自己的意志安排自己的时间：虽然也喜欢读书，但离我们想象和要求的相差甚远，他经常出去参加聚会、演出，在家看幽默节目、玩电子游戏……看到他这样，我和他父亲有些不高兴，觉得我们是为他好，但他却置若罔闻，我们和他之间的矛盾也逐渐产生。

　　但博文是个有主见的人，对我们这种不满意，他常常为自己争辩：和朋友们玩，并不是浪费时间，因为他要锻炼社会交往能力。读书是要独处的，花在读书上的时间多，锻炼社交能力的时间就少了。他还争辩说，和朋友在一起时，大家常常会探讨一些人生话题，让他收获非常多。而且，他其实每周都会制订一个精确的计划，每天固定学习几个小时，每周到健身房去几个小时，弹琴多长时间，唱歌多长时间……剩下的时间就是玩。

博文这样安排时间的习惯，也是和他的学校生活息息相关的。英国这边中学的课程设置，和我听许多国内朋友描述的他们的孩子的课程安排，形成了鲜明的对比：国内中学很多都是早晨七点多就开始第一节课，一天上满十节课后，晚上还需要三个小时的自修；但博文的中学时光，每天都大概是早上九点开始上课，下午四点钟已经放学了。放学后学生可以选一些课外活动，比如音乐、体育……晚上回家后作业只需要半个小时到一个小时就完成了，其余的时间，完全让孩子自由支配。

自由支配的核心，用博文的话说就一个字：玩。

最近这里一个朋友接待了来自国内的朋友和他的孩子，同样十岁左右的孩子，这里的孩子严格遵守老师的指令：放假一个月。孩子坚持说就是一个月不学习。而国内的孩子每天必须花两个小时写老师留的暑假作业，其中就有抄写几遍上学期学过的语文课文。国内的家长感叹这里的孩子是多么幸福。

但就像上文所说的，博文的玩，并非胡乱调皮，他有他的计划、他的收获。随着我不断思考中外教育方式的差异，我也仔细观察过博文和他身边在放学后和课余时间一起玩的英国小伙伴们，我发现他们丰富的想象力、创造力，他们对自己的自信心，他们与他人的良性竞争、和谐的人际互动，这些对未来走入社会行之有效的特质与本领，其实都是在玩的过程中被挖掘、被培养出来的。

给孩子多留一点时间，任由他们去发呆、静坐，去和别的孩子打成一片，英国教育中的这种"留白"，恰好传递了一种不焦虑的教育观念。

当然，有时候我还是会忍不住用从父母那里继承来的中国传统观念教育博文，比如"少壮不努力，老大徒伤悲""学习要有头悬梁、锥刺股的精神"之类，但他从始至终都没有接受过我的"教诲"。他说他强烈反对"从小要放弃享乐，要吃苦，长大了才会有幸福"这个观点。他说很多儿时的梦想和爱好，等长大了之后就消失了。儿时是人生最幸福的阶段，一定要快乐和幸福，否则是人生的最大不幸。

刚进剑桥大学的时候，博文对自己时间的安排给了我很大的触动。他告诉我，他的学习成绩在班里排中等偏上，如果他每天再多花些时间在学习上，成绩肯定能再提上去一些。但是经过权衡，他决定不再多安排学习的时间，因为他觉得如果每天把自己关在房间里学习，他就会失去参加和体验剑桥大学丰富的业余生活的机会。"一个人的时间是有限的和固定的，用在这个方面，就不能用在另外的方面了。"博文说，所以他决定每周花六个小时参加羽毛球队，两到三个小时参加男生合唱团，一个晚上参加辩论赛，每晚还要抽出时间和朋友们在一起……在世界级名校剑桥大学学习其实压力是相当大的。每一届学生中都有一些由于无法承受压力而休学、退学或者转到其他学校的学生。四年下来，事实证明了博文有合理安排时间的能力。他不仅完成了本科学业，顺利进入硕士阶段，并且以优秀Distinction级硕士毕业。据说他所读的专业在剑桥大学甚至全世界的大学都是最难读下来的专业。他的同学都是来自世界各国的数学尖子生。他说正由于他没有每天埋头学习，而是尽量挤出时间运动、唱歌、弹琴和社交才使他没有被压力压趴下，并且最后取得突出成绩。他说他还受益于合理的学习技巧，比如和同学讨论的时间多长，自己冥思苦想算题的时间是多少等等。博文发现需要适当的小组讨论时间，但是过多的讨论会影响他自己独立苦苦钻研一些难题，从而不能深度理解。劳逸结合和学习技巧是他成功的关键。

这就是博文对生活的态度，从中学到大学，他从来不会为了成绩放弃其他的一切，包括享受生活。与博文的这一次次"交锋"，也让我对人生、对英国当地的教育文化又有了很多新的感悟。我现在相信要想有所成就，努力是必不可少的，可是不能走极端。要合理安排时间使孩子能有机会发展各种能力，同时又要让孩子有时间享受成长的快乐。追求成功，也要顺应孩子的兴趣。博文的小学和中学所受的教育都是从兴趣出发，寓学于乐。学校也鼓励学生努力学习取得好成绩，但并没有用"吃苦"的方式教育学生。

最近我在网上看到一个报道，国内有一所以高考成绩高知名的中学，提出的口号是"痛苦三年，幸福一辈子！"。在英国，如果学校贴出这样的口号，学生家长是会闹翻天的。家长会质疑这样的口号:"用什么来衡量幸福?""学校进行过多少年的跟踪调查,调查过多少学生得出了这样的结论?""对那些痛苦过,现在仍旧痛苦的学生如何解释?""这样的广告是误导式广告"等。

最近博文参加了一些工作面试,除了考一些和数学有关的内容之外,几乎所有的公司都把注意力放在考察应试毕业生的诚信、团队精神、领导力、面对压力的应对能力、管理时间等软实力方面。博文告诉我,面试官让他举例说明一下他是如何做出冒险决定的,面对棘手的事情是如何解决的。博文说他带领合唱团到中国演出的例子,证明自己处理事情的能力。这些能力,绝对在课本里学不到。

一张好大学的文凭并不是通往人间天堂的门票。孩子步入社会后,谁能保证他的领导都是喜欢他的领导?谁能保证他爱的人一定都爱他?谁能保证他的同事都能与他和平共处?谁能保证升职的机会都会落在他身上……当面对这些必须面对的人生问题时,只有那些拥有健康的心理素质、良好的社交能力和变通能力的人,才能握住命运之桨,稳稳划向幸福的彼岸。

活着是为了什么

从博文考入剑桥大学三一学院到现在，四年过去了。当年和他一同进入名校的同学也逐步地找到了工作或者正在寻找自己的职业方向。我常常听到博文对好朋友有这样的评价："她（他）非常聪明，明明有潜力再上一个台阶，不明白为什么就满足这样一份工作。""她说想要找个顾问的工作，只是试了一个，没有成功，就说找不到。如果是我想找个什么样的工作，我会不停地尝试，从每一次失败中吸取教训，然后再试，内心渴望就要不断地努力。"

博文找到了银行业顶尖的工作，证明了自己的竞争力。然而他不会停止进一步发现自己，找到自己真正的兴趣。他不会以挣多少钱或者在别人眼里是否风光来做选择。他说要先做几年看看自己是否喜欢，也许还会读博士，也许会自己创业。总之他要跟着自己的心走。

后来，随着我自己读过的心理学书籍越来越多，我越来越欣喜地意识到：我的儿子，他真的是个拥有较高 self-esteem（自我价值认同）的人。在著名的关于人类需求的马斯洛金字塔上，自我价值认同处于第四层，高于物质需求、安全需求、情感归属需求，仅仅在最高层需求"自我实现"之下。自我价值认同是一个人对自己存在价值的总体评价，这个评价存在于这个人的脑海和内心，别人是看不到的。一个对自我价值有较高认同的人，在社会生活和家庭生活中会表现出这样的特点：能够自主行动，承担责任，认可自己的成就，容忍挫折和失败，主动接受新挑战，把控自己的正面和负面情绪，帮助他人；而一个自我认同度低的人则表现出这样的特点：怯于尝试新事物，感觉不被爱、不被需要，指责别人造成自己的缺陷，冷漠，对挫折、失败的容忍度低，贬低自己的才能，容易被外界评价影响。让孩子从小发现和认同自我价值的重要性，已经不需要再多强调。

博文从小所处的学校教育环境，从幼儿园到小学、中学，关于自我价值认同的心理教育培养，贯穿始终。学校会引导孩子学习 self-acceptance（自我接纳），也就是能客观地理解自己的强项和弱项。对待自己的强项，要充分利用、积极发展，有些弱项，没法改变，或者改变意义不大，那就 Let it be。

而在儿子从学校教育、从外界环境一次次给我带来的文化撞击和反思中，我的母语文化带给我的一些思维定式不断地被打破，我渐渐走向一个越活越明白的世界。博文，因为时代的改变，因为从小所处教育和文化环境的不同，他不必经历父母曾经经历过的苦痛和迷惘，他有条件也有能力做出忠于自己内心的人生选择。他活得已经比我们明白多了。

放弃什么，选择什么，谁来决定

博文临近高考时的一件事，令我印象深刻。

上完中学五年之后，博文开始选择四门参加高考的科目。他决定放弃化学，选择经济学。当时我和他父亲坚决不赞同，原因是我们希望确保他的高考成绩能达到最高级A星级。他的化学和生物成绩在班级里都是数一数二的，很容易就能拿到A星级，而经济学很难拿高分。我们不明白博文为什么冒这个险。而且，他如果放弃了化学，就等于放弃了学医和其他相关专业的机会。

在英国，很多华人父母都希望孩子学医，因为医生在英国的工资和社会地位都相当高。但博文明确告诉我和他父亲，他是不会考虑学医的。他的理由是他不愿意看到经过努力给患者治疗，结果病人还是没有康复，那样他会太难过。

还算是比较开通的我，非常理解博文心太软不喜欢学医，所以接受了这个理由。可是放弃化学这样一个他轻而易举就能拿到最好成绩的科目，非要去选很难拿高分的经济学，这让我很担心，我想尽力说服他选择保险的科目。

那段时间我们不停地争吵，僵持不下。后来我和他父亲尝试着得到老师的支持："博文不听家长话，竟然想放弃化学，请帮我们说服他。"老师非常惊讶："你们中国家长怎么会这样?!"他把博文拉到一边，对他说："博文，不要听你父母的! 职业是你自己的，你想学什么就学什么。"

老师这几十个字一句话，当时让我有点下不来台，又一次感到了重重的文化冲击。选择自己喜欢的、感兴趣的，愿意为之付出时间、精力和激情的职业，以职业来选择教育，在这里从中学时代就已经开始了。

其实我们这一代人，大部分都是在人到中年时才发现自己从事的工作未必是自己喜欢的，未必是自己的兴趣所在。这种职业的痛苦感、人生的迷茫感，我自己深有体会。我大学时学了外语，后来又转向，直到中年才找到最适合自己的工作，找到自己真正喜欢的、擅长的自我价值实现渠道。这种幸福感我体会颇深：那是个生命能够自由绽放的世界，那个世界里有乐趣和兴趣，有无穷的活力和动力。

既然连我自己都在职业的碰撞和选择中切身地体会到了博文所说的一切，那为什么我还是下意识地要求自己的孩子违背自己的意愿呢? 我的这种思维模式，如果没有环境的彻底改变和十足的自我觉醒，关键时刻还是会跳出来，扼杀掉孩子的心灵解放和人性解放。

我又想起了我母亲。她喜欢园艺，喜欢摆弄花花草草。她来北爱尔兰看我们，可以每天不知疲倦地在花园里给花剪枝、施肥、浇水……我着急叫她进屋休息："妈妈，你不累吗？"她瞅瞅脚下的花红草绿，笑笑："喜欢，怎么会累呢？是享受。"

她当了一辈子老师，到老终于可以彻底沉浸在自己真正喜欢的事情里面，那种活力和满足，让她整个人从里到外都透着光芒，那是一个人真正过得满足、充实时，生命散发出来的光芒。

我自己的人生自己作主

最近在我和我的朋友聚会上，朋友问博文："如果你喜欢一个女孩，想和她结婚，但你父母不同意，你怎么办？"

博文答道："我父母把我养大，我很清楚他们希望我找个什么样的妻子。我会认真考虑他们的意见，我还会综合衡量其他因素。但是，最后的决定应该由我来做。因为不是我的父母，而是我自己要和这个女人生活一辈子，我喜欢和愿意才是最重要的。"

我的专业我作主，我的婚姻我作主，我的人生我作主，这是在英国长大的博文给我带来的最为深刻的一堂课。

前年，在博文选择大学专业的问题上，我们的争论持续了很长一段时间。

我自认为还算是比较开明的母亲，没有像很多华人家长那样强迫孩子学医或者学法律，而是从博文自身的特长出发——因为他比较擅长数学，所以我觉得他应该学一个数学方面的专业。为此，我多方打听信息，等到女王大学的开放日，我还带他去咨询有关精算、会计、金融等专业的录取情况和就业前景。我听说股票交易所的操盘手工资非常高，做上几年，一辈子的钱都能挣出来。但后来又了解到操盘手的工作非常辛苦，大多数人都坚持不了多久，再比较了会计、金融等方向，我发现学精算非常理想。虽然精算师的资格证书不容易拿到，但一旦拿到，工资相对比较高，工作强度又没有股票交易所那么大。

所以，我建议博文报精算专业。麦瑟底中学在学生毕业之前的一年，会要求学生到公司或企业去实习一周，为了让博文了解精算师这个行业，我特意请求参加女王大学招生活动的一家精算公司，安排博文到那里实习了一天。

关于我的建议和安排，博文一开始没有反对，他还特意向上一届到伦敦政经学院学精算的同学了解了一些情况。但经过一段时间的考虑后，他告诉我他决定学习纯数学专业。虽然知道儿子的决定是经过深思熟虑的，但我还是想极力劝说他学精算，理由是：如果学纯数学，还要再花至少两年考精算师资格证书，不划算；另外，数学只是一门工具性专业，出于对未来就业的考虑，还是选一个有明确职业方向的专业较好。我还告诉他，我向学校的同事们打听，他们都说精算专业非常抢手、非常厉害。

但我列出的种种理由都没有说服博文，他的理由是："我不想这么早就把职业方向定下来。如果我本科就读精算，大学毕业时想改方向就不可能了。我希望把数学学得深一些，这样会令我未来的选择面非常宽，我可以在硕士阶段转学计算机，可以转工程类，可以学会计，可以学天文……当然，如果那时我还是愿意当精算师，唯一的代价就是多花两年考资格证就是了。"

就是这样，哪怕我们家长上蹿下跳找各种关系查资料做分析，提各种意见要求，但博文依然坚持了自己的选择：数学。他明确地告诉我们，人生是他的人生，选择是他的选择，他自己会承担自己的决定带来的后果。即使犯了错误，他也接受。这是他成长的过程必须经历的。

英国的文化，和中国的文化差别实在太大。我回国参加国际教育展，接受很多家长的咨询，他们几乎无一例外地问："什么专业就业薪水高？"很少有父母说："我的孩子喜欢什么什么，你看看这个专业怎么样？"国内的父母，总是尽一切所能帮助或干脆替代孩子做所有的决定，似乎这样才对孩子最好，才能使孩子不走弯路，尽早成功。我参加的教育展中，很多都是家长代替孩子到展台咨询留学英国的信息，包括那些准备到英国读硕士的成年学生。还有很多国内的朋友和家长让我帮助他们在读的孩子向院里询问一些事情，这一点当地的同事非常不理解。我得到的答复常常是："学生需要自己发信给我们，因为我们需要了解学生的更多情况和保护学生隐私。"由于国内的朋友对英国文化不了解，我常常被误以为是不愿意帮忙。

我有一个朋友的孩子，伦敦政治经济学院毕业，到了证券交易所做操盘手的助理，他毕业两年后的年薪比他身为副教授和教授的爸妈的总和还要高。但是操盘手的工作特别特别累，他做了两年之后，就休假一年，跟女朋友周游世界，回来之后换了一份朝九晚五的工作。

英国孩子的生活态度是工作重要，生活更重要；赚钱重要，快乐更重要。

低调是魅力的一部分

"低调是魅力的一部分",这九个字已经成了我们家亲戚圈里说起博文就被引用的一句话了。这句话引起亲戚关注的原因很简单:博文非常不高兴我夸他。

我觉得凡是这世上做母亲的,应该都能理解我那种心情吧:家里一个柜子里几十个奖杯全是属于你生的这个男孩的,所有来家里做客的人都不敢相信一个人能得这么多的奖,奥数的、钢琴的、拉丁舞的、辩论赛的……在朋友和亲戚们眼里,我们简直就是培养了一个全才啊!这让他们倍加羡慕,也经常称赞。而所有的这些,儿子的各种成绩,旁人的肯定与艳羡,让我这个妈妈的虚荣心得到了极大满足。所以家里来客人时,跟亲戚朋友聚会时,我总是情不自禁地或下意识地就会夸博文:他钢琴弹得多好,他拉丁舞得了多少奖，他参加奥数比赛时得了多少分……

博文不高兴了。

他跟我说："妈妈你知道吗？你这样夸我让我羞愧。低调是魅力的一部分。妈妈你想想，当你说你的儿子有多棒的时候，听你说话的那个母亲的儿子没有像我得这么多奖，人家心里能舒服吗？做人做事不能让人家感觉到不舒服。"

有一次，我跟他在电梯里。有人说这小伙子真壮啊，便问他："你健身吗？"他说："对，我打羽毛球。"旁边虚荣心作祟的我跟了一句："他是羽毛球队队长。"博文默默白我一眼，挺生气的样子。我就知道我又触到他的红线了。

博文是一个不愿意让跟自己交谈、打交道、相处的人感到不舒服的人，哪怕对方是一个陌生人。他内心非常柔软，对人对事有悲悯心、能感同身受。

自从博文两岁我把他从我父母那里接回北爱尔兰之后，我和先生平均每两年就会带他回国看望爷爷奶奶、姥姥姥爷。当年博文的爷爷奶奶年龄比较大了，爷爷多年不能下床，唯一的孙子回国是他们最大的愿望。博文小时候回国很开心，但等他慢慢长大了，回国就不那么情愿了。一是他没有能玩到一起的同龄孩子，二是文化差别越来越明显。他告诉我，每次我们应亲友邀请参加聚餐的时候，他都感到时间非常难熬。我们讲的事情他都不明白，我们笑的时候他搞不懂我们为什么笑……

因为我自己经历过国内外强烈的文化差距与适应的过程，所以我能够体会在北爱尔兰长大的博文的烦恼，也非常明白已经长大的儿子，更向往跟同学们去世界各地旅行。但是为了让生养我们的老人见到思念的儿孙，我总是向博文解释孝敬老人是中华民族的美德，而且老人们年纪都大了，我们一家三口回国探亲是他们晚年的最大安慰。结果跟他沟通完后，博文每次回国都不缺席，每次吃饭聚会也从来不会要求提前离席或催促我们快点结束，不影响大家的情绪。老人家里的卫生条件显然没办法跟英国的家比，就连我这个在国内长大的人，有时候都很难适应，但是多年来博文从来没有抱怨过或者流露过任何不开心。无论条件好不好或者饭菜是否可口，他都向大家表示感谢，表现得非常有礼貌。

他在用自己的方式，尽量让身边的人舒服。

他当年和好朋友一起报考了剑桥大学。他的录取结果来得较早，但在还不知道自己有没有被录取的好朋友面前，他一点兴奋都没有流露出来。直到知道好朋友也被录取后，两个人才激动地抱在了一起。他不愿意让自己的成功刺伤任何人。还有一次，他带一个患了抑郁症的同学到我们家做客，想让那个同学散散心。我和他父亲说："你马上要考试了，时间本来就非常紧张，还要抽出时间陪别人，能行吗？"博文非常严肃地告诉我们："哪怕成绩会受一些影响，我也要去帮助别人。在我看来，帮助朋友比取得多高的成绩更重要。"

有国内的朋友曾经跟我说："你这是按贵族精神培养儿子啊。"凭良心说，博文长成这个样子，更多的是他从小所处的社会大环境，是这里的教育文化和社会文化作用的结果，我们这个家庭只占了不算太大的一部分。

善良是一种高级智慧

在西安的地铁站，儿子喊住我："妈妈，给我五十元钱。"我疑惑："干吗？"他说："我想给那个乞丐老人。"我建议他："你给十元就可以了。"他恳切地说："可是妈妈，五十块钱合成英镑也就五英镑。对于我们来说五英镑不算什么大数目，但是会对这位乞丐有很多帮助。如果只给他十块钱，我心里会非常难受。"

我给了儿子钱，看他跑回去蹲在乞讨者面前，很郑重地把钱放到乞讨者的手里，我的心里热热的。

这是我的儿子，曾经跟我说"善良是一种高级的智慧"的孩子。我想到了经常看到英国学生蹲在地上给乞讨者东西和陪乞丐聊天的场景。那些孩子们不是站着施舍，而是蹲下来给予。

英国的精英教育重视培养人的情商，孩子从小学习处理与他人的关系，包括了解不同的社会阶层、种族、价值观，以及由此产生的在行为和礼节上，对他人表现出接纳和尊重。

以培养学霸、精英著称的伊顿公学的校长说过，精英教育，除了让孩子取得杰出的成绩，最重要的是让他们学会接纳别人，尊重他人的不同。

不久前，英国皇室宣布，四岁的乔治小王子今年九月要上学了。小王子选择的这所学校，叫作Thomas's Battersea。这是一所受到本地中产阶级，尤其中上层父母青睐的精英学校。这所学校的核心育人理念是善良。

善良，意味着不冒犯他人，也不委屈自己。这是英国人推崇的善良。

什么是冒犯别人？如果你因为一个人的收入、婚姻、家庭地位、种族、习惯或外表，对他进行评论和质疑，无论当面还是背后，都属于不够善良，没有礼貌的行为。

什么是委屈自己？就是你明明对某个决策、提议或者做法有意见，但是没有提出来，而是一边抱怨，一边执行。这种中国式的善良让很多中国人在国外的公司里失去了晋升的机会。

善良，是既有善心帮助陌生人，同时又具备解决问题的能力。英国善良教育的背后，是关于公民素养的一系列技术培训：包括安全常识、沟通技巧、尊重手段等。

生命、爱和尊重，是金钱买不到的东西。在英国，当一个人倒在路上时，不仅有人救，而且路过的一些人还具备基本的救援常识，这些常识往往在儿童时期就学习过。

我有时候想，如果我倒在了贝尔法斯特的大街上，我相信所有人看到都会把我送到医院去，因为我曾经亲眼看见一只狗被撞，多辆车停下把它送去了医院。我还在网上看过这样一个故事：有一只叫汉克的斗牛犬因为被怀疑是禁止饲养的犬种被抓，将要面临安乐死。他的主人在网上发起求助，结果有20多万贝尔法斯特人在网上发了请愿书——请让汉克回家！最后，经过大家的努力，法院对汉克宣布自由，只要以后遵守"绝育、在公共场合戴嘴套、主人保证汉克不会逃跑、允许检察官对汉克进行检查"几项要求，就不会再被抓起来。网友们在网上欢呼不已。

　　我的儿子在这样的环境里长大，他自然地有一种社会责任心，有担当，自律，柔软，善良。

　　一次捕鼠的经历，让我看到了博文对待生命的态度。我们家由于下水道出现了缝隙，跑进一只老鼠。多年没有遇见老鼠的我，慌了手脚，买了各种捕鼠的工具放在厨房的下水道橱柜里面。我下班回家，博文说："你看看吧，我估计老鼠被夹子夹住了。因为我早上在厨房吃早餐时听到'啪'的一声，然后一声惨叫，之后就没有声音了。"我打开橱柜，看到了被夹死的老鼠。博文接着说："我难过了一天。老鼠本来活得好好的，也许还有孩子要照顾。就是因为本能跑来吃东西，又没有犯下滔天大罪，为什么要受到这样的惩罚？"我辩解说我已经进化到不能够和老鼠一起生活了呀。博文说："你一定要马上把那个洞补好，以免再有这样不幸的老鼠。"

　　另外一次，是在国内带博文出去吃饭，我吃中餐他吃西餐，他买了麦当劳，都不肯到中餐馆里坐着吃，他说这样不好。我告诉他其实中餐馆的人并不在乎这些，可他就是不吃，就饿着。后来我把服务员叫来问："我们可不可以先吃个汉堡，然后再吃这里的饭？"服务员说没事，他才吃。博文说规矩就得守，这是尊重。

当人的善良既能照亮自己，也能温暖别人时，它会变成人生宝贵的财富。

学会说话，也是一种学问和修养

我看到国内很多恶性公共冲突事件的发生，很多源于言语的冲突。尤其是在公众场合对服务人员的不尊重，甚至造成生命死亡的发生，确实很令人痛心。

英国人特别注重语言沟通技巧，这一点我在工作中深有体会。他们鼓励人们表达自己的意见，但在表达方式上，很注意对他人心灵的尊重和保护。比如下面的例子吧。

小男生们早晨出门上课，必须穿西装打领带。有个孩子忘了领带，被教务人员看到了，老师拦住他说："Hey，小绅士，你有没有发现，你忘记什么了？"孩子低头一看，哎呀，领带忘了，赶紧回宿舍系好了跑出来。教务人员再看到他时说："太棒了，谢谢你！"

　　设想一下，如果是这样呢——

　　老师："哎，为什么不系领带就出来？"

　　孩子或恐惧或反感：你怎么又来管我！

　　英国的家长和老师，经常通过一个疑问句，让孩子自己来思考或者回答问题，尽量避免语言的冒犯，使他人产生逆反心理，造成冲突与对抗。

　　学会说话，也是一种学问和修养。

三岁孩子的 Lady First

在我任北爱尔兰华人联合会主席的那几年里，在当地政府和中国驻英大使馆的帮助下，华人联合会举办了多次非常有影响力的春节联欢活动。蔡国庆、殷秀梅、阎维文、吕继宏等国家级名演员和浙江、贵州等地的歌舞团被我们邀请到贝尔法斯特演出。我们还举办过画展、民族工艺展等很多大型活动。

在我们的庆祝活动中，也有很多北爱尔兰当地的小演员参加演出。有一次一位国内的知名歌唱家跟我感慨：这边的孩子表演怎么那么自然呢？无论多小，唱歌跳舞，非常放得开，但又很率真自然。

在我的观察中，这里的孩子都很独立，很小就开始自己拎东西了。有一次在街上，一个看起来也就是三四岁的男孩在我前面走，要进餐馆的时候，他妈妈说，给这位女士开门。那个小孩就伸出小手，使劲地把门推开让我先进去，一副小绅士的样子，让人忍俊不禁。

Lady First，是渗透进这个国家骨髓中的全民礼仪。我跟英国的同事一起到中国出差，吃饭时常常是男上司帮我把外套挂好，再帮我把要坐的椅子拉出来，照顾我坐定了，他才就座。在英国，有一次我跟从国内来的父亲一起乘地铁，一位男士站起来给我让座，父亲就在我身边，我很为难，不忍心让自己的老爸站着，但又不能把座位让给他，因为如果父亲坐下了，周围的人会认为父亲是和女人"争座位"。我只好坐下来，一边坐着一边不安地反复对父亲说："爸，实在对不起了，实在没办法。"

优雅自律的淑女绅士礼仪，深沉内敛的绅士风度，是整个英国社会的集体追求，也是他们努力在给一代又一代人塑造的一种社会氛围。他们对礼仪的讲究，我有个朋友开玩笑说，已经到了"强迫症"的地步：每天张口闭口不说上几十个"谢谢""对不起"就不叫过了这一天；在公共场合非常有自制力，排队默不作声；去剧场看演出迟到了，只能等待中场休息时才能进场，因为生怕打扰到别人；在超市购物，随时给周围的人让路……

博文小时候，他那些经常被邀请来我们家开疯狂Party的小伙伴们，玩的时候非常尽兴，但每次进门都会先跟我和博文的父亲打招呼，离开之前也会尽量帮我们清理房间，告别时一遍遍地道谢。这些行为让人觉得这些小孩子很懂事，懂得让他人舒服。

博文从很小的时候开始，每逢各种节日，都会为我亲手制作贺卡和各种小礼物。这里的幼儿园，学校都会鼓励孩子们用自己的方式表达问候和爱。直到现在，他还会在我的生日时给我寄来特制的礼物。不光是对我，对待他的朋友们，他也是如此，因此被公认为"暖男"。

这些点滴的细节，会让孩子们了解到、体验到为什么应该有礼貌，如何充分表达礼貌，如何表达对别人的善意、对别人的尊重，让对方舒服，从而别人也会让作为对方的自己舒服。这些都是社会文化渗透进家庭和学校，然后再由父母和老师传递给孩子的，是一个大系统的文化特点，也是教育资源。

可能有些父母会认为，西方的教育倡导尊重孩子的个性发展，就是给孩子想干什么就干什么的自由，所以在国内可能经常会看到四五岁的孩子完全不理会在场的其他人，到处乱跑大声喊叫，或十几岁的孩子和大人一起参加聚会，不和任何人打招呼只顾自己玩手机的现象。我觉得这些都是我们对西方个性教育的一种误解。其实，西方教育理念里面，自律是一项非常重要的内容。英国的绅士风度最强调的也是自律和社会责任感。父母是孩子的第一任老师，从父母那里孩子先模仿如何说话、如何待人、如何在公众场合表达自己的欲求和尽自己的责任。对孩子放任自流与发展孩子的天性和兴趣，完全是不相关的两件事情。

有两个镜头让我心中凄然，一个妈妈在饭店大厅里冲正在喊着跑着的孩子大嚷着："给我停下来，闭嘴！听见没有？"她的声音盖住了孩子的叫声，但无济于事。还有一个妈妈在旁边劝说："嗨，孩子嘛，管他们呢。"

我见过不少北爱尔兰的父母，孩子一闹，不训斥也不骂，只是把食指竖在紧闭的唇边：嘘——我们先安静下来，然后再来谈一谈，让孩子说出自己的要求和想法，帮助孩子面对、管理自己的情绪。孩子需要理解、关爱和倾听，当孩子把内心的情绪发泄出来后，才能真正装得进父母的安抚和教诲。但父母也非常有原则，孩子表达完后，该满足的满足，不该给的依然还是不给。

"小声点"也是北爱尔兰的全民文化。我还记得父母第一次到北爱尔兰时，晚上我们从汽车上往下拿东西，父亲声音大了些，我说："嘘，小声点。"父亲说邻居家的小楼隔着远着呢，又听不到。我笑了。父亲哪里知道，他的女儿，已经在北爱尔兰文化的熏陶中，变成了一个时刻注意音量的人了……

我们欠孩子们一堂爱情课

一个三岁的男孩仰脸望着他的幼儿园老师，满是认真和虔诚地说："老师，你能和我结婚吗？"二十三岁美丽的女老师满脸惊喜地蹲下来，也很认真地看着小男孩说："好啊，我可以考虑跟你结婚，但我得等你多少年啊！"

这个三岁的男孩是博文。当年，当他的幼儿园老师笑着告诉我这一幕时，我心里很受触动，感谢这位老师用西方式的幽默保护了一个孩子纯真美好的异性情愫。

前段时间我在Facebook上看到，一个名叫Nikkole Paulun的年轻英国妈妈，每个月都会跟自己六岁的儿子出去约会一次。就像正式约会那样，儿子会为妈妈打开餐厅的门，帮妈妈拉好椅子，并且细心地问妈妈想要吃什么菜。吃饭的时候，两个人都不许把手机带在身边，因为Nikkole从小就教育儿子，不管跟朋友还是跟爱人在一起聚会吃饭的时候，随时低头看手机是一种非常不礼貌的行为。吃完饭之后，儿子会用自己这一个月以来照顾妹妹和做家务赚到的零花钱来结账，而且还会准备百分之十五的餐费作为服务生的小费……

这个小故事，代表了西方家庭教育中一个很重要的因素——对情感教育的重视。

博文自小生长在北爱尔兰，我经常带他到当地的公共小图书馆。英国的儿童图书中也有很多描述美好爱情的，他问我各种问题，我从不避讳。他不到六岁就去学拉丁舞，接触了很多漂亮的女孩。在和女性接触时，他几乎没有其他小男孩的羞涩和不知所措。

一个孩子，从小在家庭和社会文化的熏陶中，以怎样的方式对待异性、以怎样的态度看待异性间的情感，对他未来的婚姻和亲密关系有着重要的影响。我认识很多人，无论国内国外、无论男女，但凡幸福指数比较高的，一般都是亲密关系比较圆满的人。哈佛大学著名的持续七十六年的"格兰特研究"也显示：爱、温暖和亲密关系，会直接影响一个人遇到意外和挫折时的"应对机制"。能在三十岁前找到"真爱"的人——无论是真的爱情、友情还是亲情，能大大增加"人生繁盛"的几率。

我自己是在中国传统的教育体制中长大的，我们从小看到、听到的，都是偷偷摸摸的两性情感。我们的父母，也没有示范给我们看应该如何对爱情美好而坦然地表达。

博文六岁时，看到英国电视台的一档求爱结婚节目，一个小伙子向爱的姑娘表达爱慕，竟然感动得哭了。我表妹当时看见，惊讶地说："哎哟，这么小的孩子就这么多情，怎么办啊？"我知道儿子感情丰富，但我不担心。我觉得一个人感情丰富是好事，只要他懂得在感情中正确对待自己和他人就可以了。我能做的，能支持他的，就是在他成长的岁月里接纳他，使他在家庭和社会文化的熏染中，在他丰富的感情世界里种下美好的种子。

在博文十五六岁的时候，有一次我和他走在街上。他平静地说："妈妈，荷尔蒙正在我身体里生长和膨胀。我忍不住看街上的漂亮女孩。"

说这话时，他没有一点害羞的感觉，坦然，真挚。我问他是不是在学校里学生理课了，他告诉我学校很早就开始开设生理课，上课的时候老师会把模型带到教室里，男生一起，女生一起，他们互相开玩笑说"把生殖器都搬到教室里来了"。这种方式让他们每个人对自己到什么年龄，会出现哪些发育特征都非常清楚。他还说学校对学生进行恋爱方面知识的教育，他和同学们都很清楚自己为什么会对异性感兴趣，青春期会有哪些心理现象，失恋了会出现哪些情绪问题，如何应对，等等。

尽管如此，当我第一次得知博文有了个所谓的"女朋友"的时候，还是很紧张。我急忙向我有同龄孩子或孩子已经长大了的当地同事们取经："请告诉我，如何能阻止他？"同事们都觉得我问得很奇怪："他对女孩感兴趣，首先说明他发育很正常。如果到了青春期他还没有对异性感兴趣，那就不正常了。"我说："他发育正常很好，但是他不能这么早就浪费时间谈女朋友呀，他需要专心读书呀。"同事们都不赞同我的观点。他们都认为,人的成长不仅仅是学习学校里的知识,还要学习很多东西。一个人的一生除了事业之外,爱情和婚姻是人生的另一件大事。这件大事也要从少年就开始锻炼。他们说博文需要通过和女孩来往,学会如何和女孩相处,如何挑选女孩,将来才能明白什么样的女人适合做他的老婆。

同事们还告诉我,据统计,没有锻炼过"爱情"的男人,很容易只能维持短暂的两性关系,无法维持婚姻。他们还说,有一些从小相恋的男女朋友,也能最终成为相伴一生的夫妻,但大部分中学生的恋爱都维持不了多久。

这让我想起我在国内做讲座时,一个妈妈问我:"我看了儿子的日记,发现他有那个苗头。"我问是什么苗头,那个妈妈很不好意思地说:"就是有早恋的倾向。"我问她:"孩子多大了?"她回答:"十六岁了,我是不是得告诉他这样不行?"我很惊讶。我还有个国内的同学,跟我说她的女儿十七岁时,班里很多男生喜欢她。这个妈妈恨不得每天盯梢,没收了女儿的手机,有天晚上趁女儿不在家,到女儿房间里偷看她的日记。结果女儿回家了她也没听见,一回头,孩子委屈、怨怼的眼神让她无地自容。听到这些,我忍不住说她:"你也是个通达的知识女性,怎么会这么不尊重孩子的隐私呢?"她说:"你不知道,我们的孩子们缺一堂爱情课。我也不知道该怎么去教她。"

孩子成年后吸引异性的能力、跟异性相处的能力、择偶的品位,还有对幸福的理解和追求的过程——这是一门复杂的课程,需要家庭教育和学校教育、社会教育共同完成。跟博文的"成熟"相比，我再想起国内同学的女儿，想起那个要被妈妈约谈的十六岁男孩，觉得孩子正常的成长和情感需求没有被尊重。

西方的文化里，把婚姻放到很高的位置。据说当比尔·盖茨被问到他一生最大的成就是什么时，他的答案不是微软，不是改变了世界，而是他的妻子梅琳达（Melinda）。他们的恋爱观，也跟我们非常不同。他们恋爱，是共度美好时光，是练兵。多练，然后才知道自己想跟什么样的人过一辈子。博文就跟我开诚布公地说："我要是不练上几个，怎么知道什么类型的适合我呢？"

欣赏与敬畏生命

博文上高中时，参加夏令营认识了一个家住伦敦德里（北爱尔兰西北部城市）的男孩。两人相处得不错，那个男孩建议和博文结伴一起到伦敦玩几天。博文和我商量，我坚决不同意。我的理由是我们根本就不认识这个孩子，博文跟他认识的时间也太短，不知根不知底。如果他和他相处了近七年的同学一起去，我肯定没意见。博文还是想去，他觉得自己很强壮，出门没问题，而且也花不了多少钱，不停地劝说我同意。最后我没办法，摊了底牌。我说："我还有一个担心是，万一那个男孩是个同性恋，对你别有企图怎么办？"

博文笑了，然后回答道："首先声明我不是同性恋，我只对女孩感兴趣。"习惯了和我争论的他接着问我："假如我是个同性恋，那你还会爱我吗？"

我回答说："我还会爱你，但是我不能接受。"

博文说："妈妈你知不知道，同性恋的成因一是天生的基因所决定的，二是在孩子成长过程中，由于外界因素导致了孩子的性取向发生了扭曲。无论是哪种情况，都不是孩子自己所能选择的，所以都不是孩子的过错。""既然你爱我，难道你愿意看到我在谎言和痛苦中生活吗（很多同性恋者往往被迫用谎言来掩盖自己真正的性取向）？"

我回答说："即使是这样，即使我能接受，在现实社会里，你也会受到来自各方的歧视和压力，你的生活也不会幸福。妈妈不希望你生活得不幸福。"

博文说："同性恋者之所以生活得不自由不幸福，正是因为社会上有太多像妈妈你这样对同性恋有偏见的人存在。妈妈你应该先从自己开始改变态度，如果每个人都这么做，社会就改变了。同性恋者们就会无忧无虑地生活了！"

在英国，同性恋者曾经是备受歧视、侮辱和伤害的群体。但如今，众所周知，同性恋婚姻在英国已经合法化，整个社会对于同性恋群体的包容和接纳的程度已经达到相当高的程度，整个社会如尊重所有人一般尊重同性恋者。在我看来，这是对每一个生命都给予充分尊重、欣赏和爱护的文化升级。

生活在这片土地上的人们，是非常愿意也非常擅于表达他们对生命的爱的。我还记得在北爱尔兰的医院生博文的时候，由于到国外的时间不长，所以还不适应西餐，就由从国内来照顾我的母亲在家里做好饭给我送到医院。医院为了表示尊重不同的文化，特意给我安排了一个单独的病房。整个生产过程，护士们都在不停地鼓励我："Good girl！"（好姑娘！）"You are doing very well！"（你做得很好！）"Well done!"（你很棒！）生产过程，也容许先生一直陪伴在产妇身边。博文的出生过程和第一声啼哭都被我们用摄像机记录下来了。

博文一出生，所有的护士和其他产妇都来祝贺我，说博文很漂亮。我当时非常困惑，因为我以前从未见过刚出生的孩子，我看到博文皱皱巴巴的皮肤，睁不开的肿眼睛，实在和"漂亮"差距甚远。我当时心里猜测，当地人可能没见过几个华人的小孩，才觉得漂亮，就像我们华人觉得西方人的孩子好看一样。后来对当地文化了解之后才知道，给产妇道贺是表示礼貌和友善，他们觉得应该让每个母亲都非常自豪。

后来的这些年，在这里经历的、看到的无数大大小小的事情，都让我越来越深刻地感受到了他们对待生命的态度。

在北爱尔兰出生长大受教育的博文，从来不吝于，也不羞于随时向我和他父亲表达他对我们的爱。当我生病的时候，博文会在床边，用他的小手抚摸我，告诉我"我爱你""你会好的"。这种直接、自由的情感表达，是这里的文化和教育环境给他的，因为对生命由衷地欣赏与敬畏，所以他们要充分地表达对每一个生命的爱。

这里的学校一个班只有十几个学生，放学时老师站在门口，和每个走出房门的学生都要拥抱一下。博文从小跟小伙伴玩，不管陌生熟悉，他都会很主动地过去打招呼，然后大家很快玩成一片。

　　同时，对生命的保护，在这里也异常严格。英国的法律规定，把未成年的孩子独自留在家里是违法的。如果邻居知道了，都会报告给警察。他们认为，如果父母不尽义务，小孩子是没有办法保护自己的，所以他们要报警。

　　这边有一个华人，一次把十多岁的女儿独自留在了家里，被邻居报了警。警察敲门，小女孩出来开门。警察问："你父母在家吗？"女孩怕给父母惹麻烦，就回答道："他们出去散步了，马上就回来。"警察仰头看了看正在下着雨的天，说："你父母好浪漫呀，下这么大的雨，还出去散步。"

　　…………

博文给家长的话

☆ 如果我们能倾听爱因斯坦、费曼或者任何伟人所说的话，他们都有一个共识：发自内心热爱自己所做的事情。对事物要有好奇心，要有激情。这些是一个人成为伟人所要具备的品质。

☆ 一个孩子如果每天都严格按照规矩做，不对自己所做的提出任何疑问，怎么能对世界产生好奇心？如果没有好奇心，怎么能发现治疗癌症的新方法？

☆ 孩子如果对自己所做的每一件事情都没有选择的机会，怎么能成为开创型人才？如果没有创造力，如何能写出伟大的文学作品？

☆ 也许年轻人看不到做哪些事情能使自己未来的生活更好，但是做父母的任务并不是每天在每一件事情上都要告诉孩子你应该如何做，每天替孩子做一切决定。

☆ 父母的任务是引导孩子，让孩子意识到自己应该如何做才能发挥自己的所有潜能，使自己有个圆满的人生。这才是父母应该起到的作用。

☆ 用行动给孩子树立榜样。做好自己，父母有自己热爱的事情，有对生活的热情，成为孩子人生路上的朋友。

II

中国母亲

唯有在行动中，恐惧才会远去。

二十四年前，我随先生来到北爱尔兰，

跨过养育我的文化根脉，

这一片完全陌生的国土，

为我打开了生命的另一个世界。

这个世界，不独是物理的空间，

更是一个广阔的精神空间。

在异乡的二十四年，

对于一个女人，一个母亲，

不仅仅是活过的日子，

更是生命的一场更新。

你终归要勇敢地站起来

我妈妈经常跟我说:"一个好妈妈,就是一个家的定海神针。不管有什么风浪,娘不乱,孩子就不乱。"有时候我也会跟儿子说:"博文,当年你小的时候我脆弱、敏感甚至崩溃,你拉着妈妈的手说'起来走走就好了',倒是妈妈的定海神针了。有时候想起来我还很内疚啊!"

儿子眯着眼睛看着我,笑着说:"你这不是果真走得很好吗?继续走啊,真正的好家庭是需要一个能拼的妈妈的。我也得给我未来的孩子们找个这样的妈妈。"

我想起几年前一个朋友问博文:"如果你喜欢一个女孩,想和她结婚,但你父母不同意,你怎么办?"当时十七岁的博文回答说:"我的婚姻我作主。"现在,儿子已经毕业走向社会,有了自己心仪的工作，我也相信他会有自己心仪的女孩，和她牵手去走他们自己的人生路。

记得一位朋友跟我说："当好一个母亲后，儿女选择的伴侣不会让你出乎意料、大失所望。因为一个好母亲已经在孩子成长的过程里，将选择伴侣的标准示范给他/她。"

我深信并坦然接受。作为母亲，我没有控制孩子按照我的愿望、我的标准去选择他的人生之路，正如我没有因为孩子、因为家庭放弃我个人生命的精彩。我以自己的行为间接地告诉儿子："每一个生命都是有他自身的价值，你可能会脆弱，会倒下，但终归你要勇敢地站起来，在不放弃中去让你的生命重焕光彩！"

一个女人，一个母亲，在自己的生活里，如何尽量活出自己的价值和精彩，又让孩子、先生因为自己的努力感到更加自豪、轻松和惬意？这是我的人生功课，也是很多女性朋友的人生功课。

回望走过的二十四年异国他乡路，从陌生到熟悉，从疏离到融入，从传统到多元……我走出抑郁、脆弱、敏感，在磨砺、坚持中更新了自己。如今，那个叫作"挫折"的坏情绪再也不能把我拖向情绪的黑洞。

我曾经这样想象自己的人生：

如果我在大学没有学英语，而是学了经济……

如果学了英语，大学毕业后不出国而是按部就班在电力公司做翻译，一做就是一辈子……

如果我出国陪读，把所有生活的希望和梦想寄托在先生和儿子身上，安心于家庭生活……

如果……

人生没有如果，但可以肯定的是，作为母亲，我让儿子做了他自己；作为女人，我让自己做了我自己。

3

为人母者

在母亲和孩子这场伟大而平凡的相逢里，
我和儿子在文化碰撞、交融中共同成长，
重塑着彼此生命的价值。
为人母者，
唯有以开放的心态面对孩子的成长，
才有可能令新生命迸发出耀眼的光芒。

他是我生命中的领跑者

儿子博文就这样长大了，快乐地长成了他想长成的样子，也是让我和家人欣慰的样子。

苏霍姆林斯基说过："每一瞬间，你看到孩子，也就看到了自己；你教育孩子，也就是教育自己并检验自己的人格。"

儿子有着我和先生的生物基因，却因后天成长的环境和文化与我们有诸多的不同；他在西方文化中长大，但中国文化的"DNA"却没有因后天环境、社群文化的影响而变异。

我从儿子年轻有力的生命身上，看到诸多让我感慨、好奇的特质，经常思考这种特质从何而来。这么多年，一个孩子从褴褓里的牙牙学语，到万人会场上的放声歌唱；从蹒跚学步的摇摇晃晃，到坚定、从容走向自己的人生之路……从儿子身上，我看到了生命成长与教育、环境、文化神奇的力量，更深切地体会到孩子对于一个女人、一个母亲生命觉醒和蜕变的意义。

这么多年，无论是在颓靡的人生低谷，还是在生活优裕、职场顺利的时刻，在不放弃自我的路上，总有一个相随相伴的人在为我领跑，这个人便是我年轻而有力量的儿子。

父母说的都是对的

　　我和不少国内的女性朋友聊天时经常听她们说："现在的孩子没法管，你说什么他都不听。"我问她们："父母说的都是对的？"我问的这句话是儿子博文经常问我的话。女友们的回答是："那说的对不对他们不都得听着？咱们受的教育就是要听父母的话啊！"

　　每当这时，我都会想起二十四年里我在英国养育儿子所经历的一切。我是在被儿子问着"父母说的都是对的？"中觉悟的。

　　美国有一位叫玛格丽特·米德（Margaret Mead）的人类学家、心理学家，她在77岁高龄的时候写下了她一生中的最后一本专著《文化与承诺》。这本书中有个观点我十分认同，就是人们总是把代沟产生的原因仅仅归咎于年青一代的"反叛"上，但实际应该归咎于老一代在新时代的落伍。

儿子博文在成长中也和我们经历了很多次的"反叛"，我把他的每一次对抗和反叛当成学习的机会，我不生气，真的不生气。我常听见国内的妈妈们急了对孩子喊："你这是想把我气死啊！"想想，有哪个孩子故意要把自己的妈妈气死呢？反叛与对抗一定是有原因的。想到这些，我就能耐心倾听他的观点，反省自己的观点。这是我们母子交流的时光，也是互相学习的时光。我很珍惜。真正的交流应该是一种对话。参与对话的双方应该是平等的。我把即便是幼小的博文也当作是平等的朋友，坦陈我的想法和建议，允许他的对抗和思考。因此，到今天，我发现我的很多建议当时博文可能是反对的，但现在他却不知不觉在做着了。而我，也因为这个过程而受益。

当代世界独特的文化传递方式，决定了在父母与孩子的对话中，虚心接受教益的应该是年长的一代。这是无法回避的现实，你若不想落伍于这个时代，就得接受这个现实。父母的过去已经过去，父母有幸通过年轻孩子的直接参与，虚心利用他们广博而新颖的知识，去创造、建立一个富有生命力的未来。

当然，这不是意味着父母要放弃自己的教育和引领责任。一个孩子的成长，离不开家庭、学校、社会，离不开长辈的教育、同辈之间的相互学习。但作为父母，最终的路是向孩子学习。我有幸在异文化的冲击中、在多元文化的交融中，能够更清晰地看到一个真实的自己，去寻找一个更独立、更健康蓬勃的自我。

"天下无不是的父母"是一种非常自大的说法。父母绝对不是"真理之父"，也不是"真理之母"，孩子是来引领我们的生命更清醒向前的使者。当我成为一个母亲，在养育他的过程里，我的儿子以实际体验的方式，教会我去钻研没有学过的儿童发展知识。

孩子是父母言行以及家庭文化的行动者和反映者，孩子好的品行是由家庭所有成员共同努力来维持的。大多数父母在帮助孩子的过程里，把焦点放在解读孩子的行为上，对孩子的行为了如指掌，却看不见自己对孩子的影响。

改变审视孩子行为的视角，就会真正看见孩子、懂得孩子。

因为懂得，所以会爱。

向"伟大的母亲"说再见

有一次我跟博文聊天。我说:"你觉得妈妈和你的英国同学的妈妈有什么区别?"儿子很认真地说:"差别不大吧,只是你比她们更勤奋、努力,对我要求也比她们对自己的孩子严格。但我的奶奶姥姥和他们的奶奶姥姥差别就大喽!"然后他很认真地对我说:"你不能做太'伟大的母亲',为了孩子奉献自己的一切。我认为母亲要活出自己,给孩子做出榜样,父母做好自己会影响孩子,孩子也会自觉上进。父母自己不努力,把压力都放在孩子身上是不对的。"

家族是一组有着更为深刻的生命关系的人,在一个家族中,没有哪个人的生命是独立的。一个女人,一个母亲,有一门很重要的功课需要研修,那就是了解家族大系统中的自己,不断在自己的前辈身上，对家族或者种族文化的某些落伍的东西，进行觉察、阻断，并有机会和能力去重新学习。这对一个女性自我生命成长和对后代的言传身教作用很大。

我的妈妈经常和我打电话聊天，聊她自己和婆婆相处、教育孩子过程中的一些反思。我妈妈说她自己和我父亲结婚以后，对我奶奶家的一些习惯看不惯，后来经过反思，发现我奶奶在教育孩子方面超过了我姥姥，我妈妈就想我奶奶的方法好在哪。然后，她就把她的分析讲给我听，还经常对比自己教育孩子过程中犯的错误来反思。她说："你们小的时候我觉得单位的那些事不能告诉你们，怕你们觉得世界黑暗。可你们长大后，发现你们傻得不行，特别特别傻，使得你们没有'抗体'。"她说这样做不对，应该及早让孩子知道，这个世界并不如想象的那么完美。成人世界的真实、好的和不好的方面都应该告诉孩子，这叫"提前免疫"。她反思她自己的家族，经常比较，分析为什么是那样的结果，母亲的这些反省让我受益良多。

一个母亲的言谈、行为，肯定会影响到孩子。我妈妈有个优点就是活到老学到老，她现在特别潮，玩微信，玩QQ，什么新东西她都敢去接受。她退休的时候是小学副校长，一直从事小学教育，后来她去学教育学、心理学，不断地学习。这一点我学习了我的妈妈。当我带着我在传统教育下形成的思维方式、观念到了西方之后，尤其在儿子的成长过程中，很多事情和我原有的人生观、教育观冲突的时候，我就开始反省。在反省中我敞开心怀去接纳新的东西，错了就是错了，不顽固。所以，虽然我不是教育专家，却给了儿子很好的影响。

在一个开放的时代，在异国文化与我们的中国传统文化交融的今天，每一个中国女性都拥有这样的机会和可能，只是这需要我们自我的觉悟。

在一种多元文化的背景下，重新回望我的母亲、我的婆婆、我的奶奶对孩子教育的不同结果，我便看到了女人生命成长的脉络。

有一首广为流传的歌中唱道："把爱全给了我，把世界给了我，从此不知你心中苦与乐……"这首歌曾让多少人对自己的父母流下内疚的泪。但感恩不等于内疚，如果一个母亲给孩子的感觉是"我自己的所有价值都是为你而生，我把自己全部的爱奉献给你，我的价值是需要你来实现的"。这样的爱，实际上是一种控制，孩子本身也会没有价值感。因为，母亲不是把他作为一个独特的人而爱他，而是要他实现母亲的价值。感恩和内疚两种不同的情感，会在这样的一个分水岭上呈现不同的结果。

所谓成长，更多时候是敢于把自己原有的模式打碎，重塑一个文化载体的你，这个你已经和过去不一样了。经过了文化的觉悟和融合，看事情的视角已经不一样了。

我是我母亲的女儿，我儿子的母亲。我也会像我的母亲、我的婆婆一样，在岁月里升级为祖母级的女人，但我已经跟中国文化传统中的"伟大的母亲"说再见了。

完美母亲剥夺孩子的"自我效能"

去年暑期，有个大二的中国留学生找到我，是我一个国内朋友的孩子，让我帮助他买机票。我很惊讶："你自己不会买机票？"他说："妈妈病了，爸爸在照顾着，我着急回去。以前都是爸爸妈妈给我买的。"我这才知道，这个孩子竟然从来没有自己买过机票，就连在英国旅游的机票也是父母帮他买的。

看着那个将近一米八大个、英俊帅气的男孩，我心里真是五味杂陈。

我在贝尔法斯特大学国际处工作，经常与国内的很多大学生以及他们的父母接触。这些年也帮助不少孩子来英国读书深造。他们都是很善良、积极向上的孩子，他们的父母为孩子也是全力以赴。但在接触过程中，我经常感慨：我们的父母做得太"完美"

了，几乎让那些孩子失去自己管理自己的能力。这个不会买机票的男孩虽是个例，但中国留学生自我管理和独立能力相对弱，却是个不争的事实。

中国人自古有"望子成龙、望女成凤"的传统。事实上世界上哪个民族的父母不期望自己的孩子有好的前程呢？我看见那些英国的父母，也会因为自己孩子的成就自豪欣慰。我们的养育方式和他们不同，我们的父母参与孩子成长的全过程，是教育的主导者、指挥者、奉献者，而他们更多的是以孩子意愿为主的陪伴者。

记得博文小时候，我带着他和社区的那些英国妈妈们一起玩，我发现她们不会时时刻刻管着孩子这不许动、那不许去，任由孩子在一个可见的范围之内自由玩耍，孩子与孩子之间发生小冲突，某个孩子哭了或者摔倒了，那些妈妈们也不会惊慌地跑去介入，一般是很平静地抱起孩子，先安慰平复孩子的情绪，很耐心地倾听完，然后给出自己的建议。之后，那个哭了的孩子从妈妈这里得到支持，带着快乐的情绪又加入到同伴们的游戏中去了。

看见这些场景时，我的脑中会浮现我在国内经常看到的场面：两个小朋友发生争执了，吃亏小朋友的父母就拉着孩子去找那家的大人。更有甚者，父母直接介入，踹那打人的孩子一脚。而英国的那些小孩子们在玩耍时，经常发生肢体的摩擦，小胳膊小腿上青一块紫一块也是常事，甚至脱臼、骨折去医院，也很少见父母们失去理智替孩子出气"算账"，更不可能找到学校里向老师兴师问罪。

我们太期待自己的孩子成为一个完美的人了，爱他们甚于爱我们自己。爱得恨不得"含在嘴里，捧在手心"，爱得他们自己没有机会去犯错误、学习自己处理问题。

人的生命成长是一个在监护之下自由生长的过程。过度参与，掌控孩子的每个细节，关注孩子的每件小事，随时给予保护和纠正，没有自由玩耍的时间，不让他们做家务和处理自己的事务……这样的爱，其实是孩子生命成长的大忌。

"你什么也不用管，只要好好学习考上好大学就行了。"

"我这么为你付出，这么累着自己，你怎么能不听我的话？"

"你是我生的，我养的，没有我就没有你。你的前程就是我的幸福，我不管你谁管你？"

…………

这些话在我们中国父母这里并不陌生，虽然现在年轻的父母们相比"60后""70后"进步了很多，但家族教育的代际传承性，还是让很多的人在未来的日子里沿袭着这种爱的模式，这很让人担忧。这种以爱的名义的控制，阻碍孩子的创造力发展、减少了孩子建立自我效能的机会。

自我效能感（self-efficacy），是由美国著名心理学家班杜拉提出的一个重要概念，是指人们对自身能否利用所拥有的能力去完成某项工作、行为的自信程度。这是人类心智的重要准则，远比通过父母赞美建立起的自信更重要。

我经常警示自己："停一停，忍住插手孩子行为和选择的欲望！"一个母亲得学会把替代孩子解决问题的欲望控制住，清醒地提供一些条件和引导，帮助孩子增强自己解决问题的欲望。这样他们的感官能力、思维能力，都会在主动解决问题中得到锻炼。

不做控制型母亲

我是一个做事很投入很认真的人，包括做母亲，我也想努力把这个角色做到完美。如果不是英国的环境和读了一些心理学方面的书，我也可能会因为这种完美心理而"控制"儿子。记得有一次儿子和小朋友们玩滑梯，那时他还比较胆怯，看到他很开心地滑下来，我也很高兴，就蹲在他面前教他怎么怎么玩，儿子反而紧张不开心，不知道玩什么好了。

旁边小朋友的妈妈跟我说："你不要替孩子做选择，他会觉得你在控制他。让他自己玩，他才开心。"

当时我还不太明白控制的意义，直到读了心理学的书我才明白，替孩子选择，过度的呵护、关注，甚至为了孩子"忘我奉献"的父母，往往是自己本身缺乏安全感，用过于紧密的控制，粘连住自己的孩子，通过维系和孩子之间亲密的关系，或者通过孩子实现自己未能达到的目标。这些以"爱"的名义实施的"控制"，父母意识不到会对孩子造成的伤害，但孩子敏感而自由的心，很容易感知到。所以，我们经常看见母亲越关注，孩子越不开心，或者哭了，或者产生逆反、对抗的行为，往往是他们潜意识在用这些情绪来反"控制"。

一个婴儿学会了爬、走、推、拉，开始认识到了自己的能力，就想摆脱外部世界的约束。尽管他们的能力有限，想自己穿鞋却穿反了（这个时候别替他穿，告诉他怎么穿他会更高兴）；想拿茶杯，一不小心碰翻了；看到你在拖地、做饭，他跃跃欲试……他在急于尝试自己的能力，却往往被成人粗暴地训斥或拒绝。于是，这些孩子们就会有很多情绪爆发。这个时期的小朋友特别喜欢说"不"，他们是用这种方式来反抗外界对他的控制。他们希望父母能放手让他做一些自己喜欢的探索活动，失败的时候能得到父母的支持、帮助和宽容。

其实，这是孩子们自小到大希望从父母那里获得的，但往往父母做不到，尤其是母亲做不到。因为太爱，就像鳄鱼嘴里的蛋吐不出来，妈妈要做的，就是松松口，吐出来，咬得太紧就碎了。

当蹒跚的儿子拨开我想搀扶他的手，当两岁的儿子推开我自己踮着脚去拿放在钢琴上的玩具，当三岁的儿子对我的建议很坚决地说"不"……我知道我需要放下母亲的焦虑，给这个小男子汉自主探索、独立做自己事情的空间。鼓励他，支持他，让他拥有自我效能，形成一个人最基本的不被他人控制的自主性。

这是一个人拥有生命尊严的基础。

母亲是孩子生命的领跑者，孩子是母亲文化觉醒的启蒙者。生命影响生命，在母亲和孩子这场伟大而平凡的相逢里，我和儿子在文化碰撞、交融中共同成长，重塑着彼此生命的价值。

4

遇见自己

从故土到异乡，
从抑郁无助到焕然新生，
从小城姑娘到去白金汉宫接受授勋，
我一直不停地前行、前行，
只为，遇见自己。

小城女孩的星夜

牙克石，呼伦贝尔下辖的一个县级市，我的出生地。从这里向东，撩起嫩江流域美丽的面纱，清水蜿流、云杉成片、候鸟成群；向西，闻名遐迩的呼伦贝尔大草原一望无际的绿川，柔和、舒缓、恢宏、恬静……

我就在这个美丽的小城度过了童年。

我木琴打得好，从小在牙克石这个小地方也是有名的小演员。记得父亲给我做了个木凳，我站在上面演出。我对音乐好像有一种天赋，在学校请来的音乐老师的培养下，能够演奏不少难度较大的独奏曲目。至今，听到木琴声，我还会有站在木凳上敲击的愉悦幻觉。

我父亲是天文学爱好者，不管天有多冷，我们和他总是站在院子里看星星。很多次，我望着深邃的星空，盼着有一列火车能把我拉到一个遥远的地方。那时候我觉得火车是唯一能寄托我对未来以及我所在的这个小地方之外的天地的想象的载体。看着火车开向远方，我特别羡慕那些坐在火车上的人。去远方，远方的世界该有多美呀！

缀满星星的夜，像细碎的流沙铺成的河，斜躺在天空中。草原的夏风吹过，清爽微凉。我躺在家门口旁边的沙堆上，望向深邃的夜空想：这个世界到底有多大？地球的另一面是什么样子呢？

夜空晶莹深邃，不到十岁的我，尽情地幻想着远方那个世界。

记得七八岁的时候，我第一次坐火车是我大姑带我到她下乡的地方，车程也就不到一个小时，那车上好冷啊！可是当时兴奋的我却不觉得冷，还希望火车别停下，继续跑下去。

小的时候我和外界没有太多的接触，后来全家搬到海拉尔，那也不是一个大城市。人是环境之子，地域不一样，对人造成的影响真是不一样。这一点，在我当年考入吉林大学后第一次有了切身体会。

学非所长，学非所爱

在吉林大学外语系读书时，我在乐队很活跃，也挺有名，刚开始我表演木琴，后来还打架子鼓。吉林大学是全国性的综合重点大学，很多来自北京、上海等大城市的同学，他们身上有一种特质吸引着我，就是那种开放、自信的生命状态。他们的见识，他们对人对事的分析判断，令我感到自己的封闭和知识宽度的欠缺。当年高考，偏科的我学起数学来很轻松。但是朋友向我父母建议女孩学文科好，而且报外语专业可以多一条路，结果就阴差阳错地进入了吉林大学外语系英语专业。我既不擅长，也不热爱本专业，当时在班里我的专业英语课成绩不太好。虽然我在班里很活跃，但我感觉找不到自己最擅长的，所以有那么一点不自信。

一个丰富、多元的环境，一种开放、自信的心态，是一个人生命之花绽放的沃土。后来，我在自己生命成长的路上，刻意去打开自己，勇敢地去适应新环境，接触不同的人群。包括在教育儿子的过程中，我也是有意识地接纳儿子的天赋，尽力帮助他去发展自己的特长，不以父母的意愿去选择，同时帮助孩子拓宽社会的接触面。

　　人生真的没有捷径可走，每个人只能在原来的基础上，有意识地一步一步往前走，一个台阶一个台阶地往上攀，生命的天地才会越来越宽。

初入职场，身心俱疲

从牙克石到吉林大学，从深圳到北爱尔兰，我走出了一步又一步……

记得大学毕业后，我去了吉林省送变电工程公司做翻译，先生留校做了老师。那个秋天，我和他去了斯大林大街，那是长春最好的一条大街。松树在两边，街道那么宽，天空那时还那么蓝，真是美啊！两个离开家乡的年轻人，留在了这个大城市，但我还是觉得有一股力量，在拽着我往更远的远方走。一上班我就被派到深圳给大亚湾核电站的项目做翻译。在那里住在公司的工地上，条件比较艰苦。我由于从小就受到父母的言传身教，从来不怕吃苦，坚信到最前线才能锻炼出真才实学。我每天背个水壶，兴致勃勃地跟着工地建设者跋山涉水，给单位领导和外国监理在现场做翻译。深圳的夏天特别热，我从小在寒冷的中国最北方长大，每天都觉得要喘不上气来了，要晕倒了，而且山上还有蛇。意志坚定的我，把裤腿儿塞到胶鞋里绑上，丝毫没有退缩的想法，每天毫不犹豫地跟着男人们往山上爬。后来，虽然我自己没有把自己当成娇生惯养的女大学生，但是工地上的员工抱怨我这个女翻译出现在男人的工地上，给他们带来了诸多的不便（山上没有厕所）。即使这样努力，我自己非常明白，我的翻译基本功实在是太差了，跟香港的老翻译比，觉得自己和人家的水平简直天壤之别。经过再三考虑，我决定去长春地质学院当外语老师，一边继续学习，一边教学，我希望在教学的环境里提高自己的业务水平。尽管我擅长演讲，学生们也都很喜欢我，但我还是发现英语真的不是我的特长。我是个对自己所做的事情要求完美的人，那段职业路我走得很累，总感觉还会有一个方向，能让我找到职业生涯中那个真正的自己……

我下决心想自己去找，但没想到，就在我准备趁年轻去开拓新的职业生涯的时候，先生跟随来自英国的老师出国留学了。

随夫西行

"这个世界到底有多大？地球的另一面是什么样子呢？"那个在草原的星空下梦想着去远方的少女，就这样跟着先生出国了。

那是1993年的冬天，长春斯大林大街两旁的松树覆盖着白雪，我跟这个记载着我们青春的城市告别，跟辽阔的大草原故乡告别……

1993年的中国还不富裕，现代化水平还远不能和英国这些西方国家相比。我的行囊里装着一把菜刀（因为听说英国人只用尖刀，在那买不到菜刀），兜里揣着八十美金，来到这个社会阶层已经相对固化的老牌资本主义国家。

那时，来自中国大陆的留学生还非常少，绝大多数是拿到了英国大学的全额奖学金攻读博士学位，或者是国家公派的访问学者。

自费留学的几乎还没有，因为当时很少中国家庭有那么雄厚的经济实力，都是哪里给奖学金就去哪里就读。坐落在北爱尔兰首府贝尔法斯特市的奥斯特大学给了我先生全额奖学金，他就在那里开始了留学生涯。几个月之后，我拿到英国大使馆签发的英国探亲签证，才来到了这个北半球的岛国，开始了我的异国生活。

独在异乡为异客

刚到北爱尔兰的时候，我很兴奋，感觉什么都新鲜。可是很快我就深切地感受到了作为一个几乎一无所有的异乡人，在那个社会中所能体会到的从物质到心理的巨大落差，也深切地感受到中西文化差异给自己带来的严峻挑战。

不说西方人的饮食习惯和我们有天壤之别，也不说AA制、喝茶不出声，这些入乡随俗的礼仪或者说是文明教养我们都可以接纳，但那种物质上相对的贫穷，以及因为文化差异造成的社会交往、人际关系的孤独，才是对心理承受的极大考验。

那时候，我们的生活就靠先生几百英镑的奖学金，住在政府的福利房里，里面没有家具，需要自己解决。在早来的留学生的建议下，我们跑到教堂的拍卖会上，花了1英镑（当时大约相当于人民币10块钱）买了一张双人床，4英镑买了一个带抽屉的长桌子，没花钱得到一套绿色的沙发，先生的同事送给了我们一台旧冰箱和一副窗帘，又花了10英镑买了一台旧电视。就这样，我们在英国有了第一个家。

有一次，好几个年轻人来敲我家的门，说是电工，边敲门边说："不开我们就破门而入啦！"我当时在卧室里边，我先生开的门。六七个男人，其中带头的那个人三十多岁，剩下都是十八九岁的，每个人拿着一个手提的口袋。有的人蹲下来说是查电表，其中那个年龄大的径直走到屋里看了一圈儿，他们要出门时，我还从卧室出来跟他们打了个招呼。等他们走了以后，我们跟邻居一说，邻居就说："哎呀，这肯定是打劫的。正常的电工只是一个人，而且会戴个牌子证明他是电工，不可能七八个人。"当时有华人在那边开餐馆，收入不错，我们是刚来的，他们可能以为我们也有钱，结果看到我们家太穷了，实在不值得抢劫。

我吃的竟是鸟食

初到北爱尔兰，我闹了很多笑话。

我从小就爱吃炒葵花籽，内蒙古特别多。到北爱尔兰后我在超市里只见到过瓜子仁，用很小的袋子装着，是用来做蛋糕的，一直没有见过带壳的瓜子。有一天，我在家附近的一排小商店里闲逛，在一个卖蔬菜水果的小店里突然发现了一袋袋的生瓜子！瓜子看上去大小均匀，颗粒饱满，价格还非常便宜，一大塑料袋才六十便士（大约相当于人民币六块钱）。我高高兴兴地买了一袋，抱着回家在烤箱里烤了，给我的味蕾怀怀旧。但是我发现，很多瓜子仁都生了虫或坏掉了。过了几天，我路过那家小商店，就跟女老板说："对不起，但是我必须告诉您，您的瓜子质量有问题。"女老板睁大了眼睛看着我说："你怎么知道瓜子质量有问题？"我当时心里很不高兴，心想这老板还挺不讲理的！我说："我吃了，怎么能不知道？"女老板的眼睛睁得更大了，她喃喃地说："你吃了？"我说："是呀，我吃了。"老板摇摇头，说："从来没有鸟回来向我抱怨过瓜子质量不好呀。"我这才意识到，我吃了鸟食！老板笑了起来，我也很尴尬地笑了起来。从此以后，我再也没好意思到那个小店去买东西。

我的生活，像走进了"黑暗树篱"古路

　　我的儿子博文就出生在这个被称为"家"的公租房内。博文考入剑桥大学后，我们在北爱尔兰的同事朋友都说："你们知道吗？能从那种公租房里走出来进入世界名校的孩子几乎没有。不要说是移民，当地人的后代也很难走出那个地域。"他们说这话没有种族歧视的意思，在北爱尔兰生活了二十四年的我很明白，如果我们不是那样地努力打拼，带着孩子往前走，我们不会有今天的生活和工作成就。其实哪里的社会都一样，不管是社会阶层在变化中，还是已经相对固化，人只要有改变自我命运的勇气和行动，就一定能找到自己的出路。

　　我们从中国二十世纪八十年代的"天之骄子"，落入了英国的社会底层。那时，经济的拮据并没有让我很畏惧，我们年轻不怕穷，相信凭借自己的努力，在那个社会会很快改善自己生活贫困的状态。我试着去融入他们的社会，去寻找工作的机会，可是，我发现，那个社会对当时的我来说，简直就是雾里看花。

那时在国外的华人很少，出去的基本都是等了好多年的博士生、访问学者，年龄都比较大，留在当地的就更少。虽然大家关系密切，但也是各自都在寻找和奋斗中，除了情感支持，其他方面很难提供帮助。不像现在的留学生年龄都小，一起上课、一起复习、一起吃饭，经济上有家里支持，课外生活也很丰富。加上我当时是以陪读的身份出去的，除了先生的同学、朋友，我没有自己的社会交往，不但文化不适应，融入不了社会，还找不着工作，夹着"尾巴"，戴着"面具"，到处乱撞。

北爱尔兰有条著名的"黑暗树篱"（Dark Hedges）古路，它离我现在居住的贝尔法斯特市不算太远，距离世界自然遗产"巨人之路"及其海岸也只有十五英里（约等于二十四千米）。树篱由一百五十棵山毛榉树和一条道路组成，那些虬曲的老树都已是三百多岁高龄。据说这些山毛榉树是在十八世纪由斯图尔特家族（Stuart Family）种植的。路两侧山毛榉树盘根错节，蔚然成荫，整条道路深邃得让人感觉蕴藏着一股人力不可控的超自然力量。每次带着国内来的朋友到这里，我就想起自己初到北爱尔兰的感觉，真的就像走进了这条"黑暗树篱"古路，看不见阳光，看不见这条幽深阴凉的路的尽头有什么，只有一步一步坚持着……

站在内心深渊的边缘

　　为了尽快掌握英语，我到处寻找机会和当地人交流。我先到了位于我居住区附近的一个相当于中专或技工的学校，那里开设有英文课，一年下来的学费才几十英镑，我当时能够负担得起。每周上几个小时的课，学生中有几个类似我这样陪读的太太，还有从中国香港、马来西亚来读书的年轻学生。虽然所学课程对我有帮助，但我面临的问题是如何张开口和当地人交流日常生活中的事情。

　　找人聊天，当时在那里对我来说是一件多么难的事情！在国内，因为文化相通，你明白自己就大体可以明白周围的人。在那里，你不明白人家能接受什么样的东西，什么是有礼貌的，什么该问，什么不该问，你该说什么不该说什么……语言交流的障碍、文化差异导致的误解、社会结构以及各种社会福利体系，我都是一头雾水，真是让人发懵！

可是谁愿意陪我这样一个什么都不懂的"老外"聊天啊？经过多方打听，我找到了一个非常理想的地方：妇女小组。

北爱尔兰政府在很多社区会资助开设一些妇女小组，这些小组为没有工作的家庭妇女提供一个和其他人见面聊天，一起组织社区活动的机会。有小孩的妇女，还可以把孩子放在一间有很多玩具的房间里面，让孩子和其他的小朋友玩，妈妈们利用休息时间互相聊天喝茶。妇女小组通常有一到两个员工，她们负责办公室的管理、活动安排、筹款等工作。

找到了"组织"，我几乎天天去我所在的公租房妇女小组聊天喝茶，跟着参加各种活动。开始的几个月，我对当地的生活了解太少，很难插进话。越是生活中的"小事"，我越说不清楚，因为在国内大学里英语专业学的都是语法和一些名著，生活用语几乎一无所知。一些妇女为表示友好，就特意和我聊一些我知道的话题，我发现我最能清楚地讲述的是中国文化。我已经记不清楚多少次跟她们介绍长城和我的家乡呼伦贝尔大草原。终于有一天，我的一个女性朋友实在忍不住了，央求我说："你能不能不要再讲长城了？我已经听了太多遍了。"

这段在妇女小组的经历，对我帮助很大。在轻松友好的环境里，我找到了这些愿意并且有时间和我聊天的当地妇女，在她们的帮助下我的口语进步很快。

虽然我是以陪读的身份来到北爱尔兰，可我不满足日后的生活就是在妇女小组喝茶聊天带孩子。在强烈的自食其力愿望的驱动下，我到我家附近的一家由中国香港人开的外卖店做临时工。这边的外卖店规模都很小，都是家庭经营，前台一个人，厨房里有两三个人。除了大厨，就是帮忙切菜、刷锅刷碗的小工。我每天下午去外卖店，凌晨回家。在厨房里洗菜、切菜、打鸡蛋，把煮熟的整只鸡撕开和分类，打扫卫生……我的体魄不是很强壮，又加上在我心中，工作绝不仅仅是谋口饭吃，我还有自己的职业理想和追求，做了两个月左右，我就不做了。

后来我又到贝尔法斯特市的一家中餐馆做了半年多的DJ。所谓DJ其实就是那家餐馆里有卡拉OK机，那些外卖店的老板，在闲暇时间到这家餐馆吃港式点心、唱歌。我的工作是找出他们点的歌的VCD盘，然后播放。偶尔我也唱几首邓丽君的歌，常常受到欢迎。这期间，我发现，当地很少有人唱卡拉OK，他们会觉得非常尴尬。卡拉OK是东方人，尤其是华人特有的爱好。

虽然这份工作比在厨房轻松，但我半夜才能下班，回家都需要我先生开车半个小时到市里接我。那个时候，我们已经有了儿子博文，把那么小的他放在家里，每次即使只有一个小时，我们也都非常担心他半夜醒来找不到父母该多么恐惧！英国的法律规定把不够年龄的孩子独自留在家里是违法的。如果邻居知道了，都会报告给警察。所以，后来我也放弃了这份工作。

找不到能走通的职业路，再加上文化的冲突和不适应，内心孤独、物质生活又拮据，我感觉自己站在了内心深渊的边缘……

儿子的小手拯救了我

一次次找工作碰壁，加上把孩子送回国内，对我的情绪影响很大。一个正在哺乳期的母亲，不得已把孩子从身边送走，不仅仅在心理上，在生理上也会受伤害。

把博文从国内接回来，住在公租房里，我每天在家陪孩子，弥补和他分离的创伤。那时候，先生一边读着博士，一边养家，还要克服文化障碍，去适应异国的社会环境，也很无助。有时候他会不自觉地把在外面的情绪，还有自己内心的焦虑，带到家里来。我自己原来也是满怀职业理想的女性，到北爱尔兰后变成了一个一天到晚看孩子、做饭、等先生回来的家庭女性。再加上那时家庭经济也挺困难，日子是算计着过的，也没有闲情逸致去养花养草，生活真的很无趣、很无望。

北爱尔兰的夏季白天特别长，最长的时候是六月末，晚上十一点钟左右天才黑，凌晨三点钟天就亮了，因为它纬度比较高。夏日漫长的下午里，能让昏昏欲睡的我精神激灵起来的，就是那由远而近的卖冰激凌车的音乐了。

夏日的午后，我坐在海边广场的长椅上，远处传来一种特别轻松的儿童音乐，我知道是卖冰激凌的车子过来了。我现在很少在街上听到这种音乐声了，偶尔遇到，内心就很感慨。

那时，一听到这种音乐，周围邻居的孩子们都从自家房子里冲出来，呼啦啦兴奋地围着冰激凌车，我也抱着博文出去玩。冗长无聊的白昼，唯一陪伴我的就是儿子和冰激凌车的音乐声。

现在我们已经搬到了贝尔法斯特的一所大房子里，在这里住的一般都是人到中年、较为富裕的家庭，家里没有很小的孩子。所以，很少有这种冰激凌车来这里了。那几年在公租房里住着，没有工作、没有收入、没有社会交往，想不出未来的日子是啥样子……孤独、茫然，卖冰激凌车的音乐声是当年我唯一能听到的音乐声，让我感觉我和这个世界还有着联系。

一个年轻的母亲，受过良好的大学教育，正是对人生和未来充满憧憬和向往的时候，却被困在了异国他乡的茫然中。一个人被丢在全然陌生的环境中的遭遇和心境，谁能理解？一颗心找不着东西南北，是什么滋味？夏天里还有冰激凌车的音乐声每天相伴，最难熬的是北爱尔兰的冬天，整天都是阴沉沉的黑天，如果自己处境不好，又找不到改变处境的路径，心情就非常郁闷，很容易得抑郁症。

北爱尔兰的冬夜，阴沉而漫长。那一夜，我终于颓靡在自家的楼梯上，经历着异国他乡里的无助、迷茫、崩溃……我哭啊哭啊，流了那么多的泪，哭了几个小时停不下来。我说："不活了，活不了了，要死了！"先生束手无策，四岁的儿子博文也吓坏了。不过博文很有意思，他从小不像别的孩子遇到事情只会哭，他会努力想办法，去摆脱眼前的困境。他当时一边哭着，一边拉着我的手，焦急地喊着："妈妈！妈妈！你起来走走啊！起来走走你就好了。"那双肉乎乎拉着我的小手，矮矮的个子吃力地拽着我，至今想起那个情景，我心里还很酸涩。

也许，恰恰是儿子这种近乎本能的拖拽，唤醒了当时颓靡、灰暗的我心头的光亮……

抑郁是对自己现状不满的一种表现形式，是因为要改变生活却无能为力而产生的黑色情绪漩涡。很多人被这个黑洞吞没了，也有很多人走出困境、走出无助的挣扎，抑郁便成为一段生命的旅程，也是一段黎明前的黑暗。它把我带向生命的真正征途，去了解自己、发现自己、绽放自己。蝉蜕壳，蛹成蝶，在痛苦的日子里我触摸到了自己生命中那股深藏的、可以迸发的力量。

这是一种对自我生命的修复能力。从那一刻起，我开始由外转向自我内在的修为。

人都想寻求一种更完美的生活，这其实是一个无底洞。直到今天，我也不能说我的生活是完美的。最让我欣慰的是，从抑郁到拥有今天的状态，是因为在这个过程里，我始终没放弃自己。

我从颓靡中站起来，获得了自我生命的成长。

唯有在行动中，恐惧才会远去。

从无助到自助，那一刻，生命豁然开朗。当再碰到问题时，不再恐惧，而是去想如何才能获得克服障碍的方法，我感到了自我内在的力量在慢慢觉醒……

有学历≠有能力

在我做家庭主妇、读书的日子里，我们的生活一直很拮据，稍微有所好转，是从一个朋友介绍我当翻译开始的。由于我是外语系毕业，加上性格比较外向、反应比较快，被一个朋友介绍给当地的律师当翻译。虽然每个月只出去几次或翻译几页文件，工作时间和收入都不固定，但每月几百英镑的收入，还是让我们的家庭宽裕了不少。

更重要的是，由此，我有了接触英国社会的通道。接下来的几年，我给当地多位律师、法庭、大学、政府卫生部门、公司、申请居留的华人当翻译，足迹遍布北爱尔兰法庭、律师事务所、监狱，从中了解到了另一类人的另一种生活。

后来，我了解到有个北爱尔兰投资发展局，是负责帮助北爱尔兰的企业海外扩展和吸引外资的政府机构，我鼓起勇气，找到了他们，表示了可以帮助北爱尔兰的公司开发中国市场，试图推销自己。发展局很认真地给我安排了一个负责人见面，并且单独做了一个PPT报告，给我讲解北爱尔兰的公司规模小、不愿意冒险等情况。我当时对国际贸易和这里的企业界所知甚少，和那位政府官员的交流，其实没听懂多少。这次的经历使我意识到，我需要在这里继续深造，所以，开始攻读MBA（工商管理硕士）。

在我即将读完硕士的时候，我尝试着找工作。一开始不可能有市场经理一类的工作等着我去做，所以我决定试试低层的工作，比如秘书之类。这边的工作都要登报招聘，我通过报纸的信息，应聘了一个政府资助的社区项目秘书的职位，不久之后，得到了面试的机会。

面试我的是两位男士和一位女士。当我走进面试的小房间时，面试我的三个人非常不好意思，其中那位女士手里拿着我的简历，似乎不相信我会应聘这个职位，她对我说："你的学历和背景实在太高了，远远超过了我们的要求。"然而，当我的面试结束后，面试官们告诉我，我没有被录用，因为我缺乏最基本的常识！

面试中我被问到这样的问题：

"你如何整理档案？"

"当你接到两个都很紧急的电话，你怎么办？"

由于我对当地办公室的日常并不了解，所以回答得非常不好。我的高学历，似乎与现实社会一点关联都没有。

为了读这个学位，我把儿子送回了内蒙古的父母家，忍受着思念儿子的痛苦读出来的这个学历，在现实面前竟然没有了分量，我再一次陷入懊恼和焦虑中。

尴尬的误会

在国内找工作，找熟悉的人吃个饭很正常。可是在这里我却遇到了尴尬。

我大学毕业的时候工作是由国家分配的，人才市场上公开招聘的机会还很少。按照国内的思路，找工作要有熟人介绍，我打定主意，就这么做了。

读硕士期间，我发现我的同学很多都是在公司里工作，或者是小企业主，或者是部门经理。我就把找工作的希望寄托在同学中间。我以为认识了这么多企业界人士，他们肯定能帮助我找到工作。于是，我就找到当时我们做作业时分配在同一个小组的一位男同学，他在一家电器公司工作。我用当时华人常用的方式，邀请他一起吃午饭，结果让那个同学大吃一惊并马上告诉我，他不能接受邀请，因为他没有办法和他太太交代！我当时尴尬极了！

同学们都告诉我，要找工作，需要自己看报纸。当时《贝尔法斯特日报》每周都有一天设专栏刊登招工信息。我当时感觉很不舒服，觉得这些同学是不愿意帮我的忙。后来我对当地社会了解多了才明白，按照法律规定，这里的工作都是要登报纸的，不能私下招人。对于要招人的公司来讲，也希望让越多的人知道越好，因为可以吸引更多的人才去应聘。

我意识到直接找当地组织的工作非常难，就把目光转向华人组织。

最早移民到北爱尔兰的华人是二十世纪六十年代来自中国香港新界的，他们说客家话和广东话，绝大多数来北爱尔兰的华人都经营中餐馆生意。最早有记录的中餐馆是一九六二年开业的"凤凰"。一九六二年经济共同体移民法案的实施，阻止了一些专业人员移民到英国。在这种条件下，那些在北爱尔兰已经开设起餐馆的华人，只能够为自己的亲属和朋友提供在中餐馆工作的机会。所以，北爱尔兰的华人更加集中在餐饮行业中，目前几百家中餐馆遍布北爱尔兰。

后来BBC采访我和在贝尔法斯特的华人，主题就是华人职业的变化，表现英国的多元文化如何使得华人在这里也有了走出原有圈子和生存模式的机会。但对我来说，这是一种自豪：我们华人，走到哪里都行，只要我们勇于融入。

终于有扇打开的窗

　　一九八三年，北爱尔兰华商总会成立。华商总会成立后意识到需要建立一个为华人提供信息服务，和政府沟通，充当当地社区和华人社区桥梁作用的组织。于是，一九八六年成立了华人福利会。华人福利会经常得到北爱尔兰政府的资金支持，为北爱尔兰的华人提供各种服务。我申请到的第一份工作，就是为没有工作的华人妇女提供最基础的英文辅导课程，帮助她们掌握一些与当地人沟通的日常英语。

　　我上班第一天，一位温和的男性项目经理告诉我需要做什么、华人福利会的制度是什么……谈了一会儿后，这位经理拿出一份表格，告诉我如何填写。这个表格叫Time in Lieu，是为需要额外加班的员工准备的。每次把加班的时间记录下来，积累够半天或一天之后，员工可以在工作日休息，把加班的时间补回来。我当时不明白Lieu这个词的意思（其实来源于法语）。因为还有一个英语发音基本一样的词叫Loo，是厕所的意思，这位经理解释一番之后，我以为这个表是Time in Loo——在厕所里所待的时间。听完之后，我感到华人福利会的工作看来要求非常严格，连每次上厕所的时间都要记录下来。于是我忧心忡忡地问经理："你们为什么要员工每次上厕所都要记录在里面待了多久？要是有人吃坏肚子了，怎么办？"

那位温文尔雅的经理愣了一下，当他意识到我误解了这个表格的意思的时候，他实在笑得直不起腰来了。办公室其他人知道后，更是笑成了一团。

这是我取得MBA学历后上班第一天的经历。

虽然我的第一份工作工资不高，但让我有机会重回职场。而且，这份工作让我了解到办公室如何运作、如何申请项目基金、政府的政策和工作方式等，这些经验后来在我做社区的公益文化传播时，成为我的助力。从此，我进入了北爱尔兰的社会，为自己一度封闭低迷的生活推开了一扇窗……

总有一些事，是你所擅长的

在人生阴郁的日子里，最有益于自己的事情，就是尽量多地去做有益于他人的事情，与他人建立联系。用行动去减轻焦虑，这是我的切身体会。

我开始积极参与中国学生学者联合会、北爱尔兰华人联合会、北爱尔兰少数民族委员会等各种社区的活动。当时我不仅要和华人学者、学生打交道，还要和华人餐馆、社区打交道，同时要学会和当地政府、老百姓打交道。每打一次交道，就会遇到一个新的群体，这对曾经生活单一的我挑战非常大。凡是经历的，必有意义所在。恰恰是这些以往我未曾有过的新经历锻炼了我，也是我真正融入异文化社会的开始。

幸运的是，我在小学的时候，参加了学校里的文艺班，学的乐器是木琴。那时，父母为我学音乐付出了不少心血，刚开始学的时候因为我个子太小，父亲特意用木板给我做了个凳子。我常常参加文艺演出，结束很晚了父亲就去接我。因为要带饭，母亲用家里养的母鸡下的鸡蛋给我做炒鸡蛋。我母亲非常热爱音乐，而且很有音乐天赋，她的模仿能力极强。正是遗传了母亲的音乐细胞，虽然我的嗓音不高，但后来模仿邓丽君和卡伦·卡朋特的歌倒是很有味道。有音乐特长，加上我外向、爱张罗的性格，很多华人，也包括当地人，都愿意参加我组织的各种活动。常常在春节联欢会上，我会和一群年轻的华人太太，还有学生，一起排练民族舞蹈或者旗袍表演，我还常常自己担任报幕员。起初，我们只排演中国特色的节目，一段时间后，觉得应该把当地的文化也加进来。于是，我就开始把北爱尔兰当地的踢踏舞演员，还有乐手、歌手请来与我们同台演出。

当地政府非常鼓励多种文化共存和通过文化来增加不同族群之间的了解和沟通。慢慢地就有越来越多的当地社区活动请我们参加，我们的旗袍表演、二胡、古筝，都特别受当地人的喜欢。

就这样，通过参加当地社区的活动，我认识的人越来越多，对当地政策的了解就越来越多。随着中国来北爱尔兰人数的增多，我们成立了北爱尔兰华人联合会，从当地政府那里申请资金帮助华人和宣传中国传统文化。在我任主席的几年时间里，在当地政府和中国驻英大使馆的帮助之下，华人联合会举办了多次非常有影响力的春节联欢活动。被我们邀请到贝尔法斯特的演员和歌舞团很多在国内都很有名气，有国家级的名演员，也有像红樱束女子打击乐团、浙江昆曲团、多彩贵州风等，还举办过很多画展、民族工艺展等大型活动。

这些活动贝尔法斯特市市长每次都必到，表示全力支持。有一年春节，我们的活动就是在市政府大厅里举行的。市长说这样做，就是让我们华人这样的少数民族感受到政府的关怀。在BBC培训期间，我曾找到市长，问能不能让我采访和录制一段录像，用在我培训期的作品里面。他非常爽快地答应了，而且花了好长时间，任由我这个不熟练的"摄影师兼记者"一遍又一遍地重复采访。这些非常亲民的政治家们，加上北爱尔兰人民的热情友善，让我慢慢地爱上了这片有着优美田园风光的土地。

除了参与华人社区活动外，我还一直是北爱尔兰少数民族委员会的董事，积极参与呼吁推动北爱尔兰提高少数民族族裔地位和权利等活动。在国内我们汉族是多人口民族，到了这里有幸做了少数民族。

做这些慈善工作没有任何报酬，非常辛苦，牺牲的都是自己的休息时间。北爱尔兰的社区慈善组织往往是由一个董事会管理，如果组织规模比较大，能够申请到各种项目经费，就可以雇佣员工。员工是有工资的，工资来自项目经费。而董事会成员是义务奉献，只能做决定，不能拿组织一分钱。对于华人联合会这样的小组织，大部分工作都是由董事会执行委员做的。举办一场演出或活动，常常需要我们执行委员准备一两个月的时间。在活动期间，又需要很多人帮忙。这样一个松散的组织，一没有办法给做事的人付酬金，二没有任何行政权力要求大家做事。所以，往往是要自己做很多工作，才能赢得大家的尊重和帮助。

国内的家里人不理解，说："你自己的生活还没完全解决好，做这些社区的工作有什么用？"可那些日子，我真切地感受到：人生幸福的来源，其实是给予。我在这样的奉献里，重新感受到生活的美好和快乐。

我想起在我们初到北爱尔兰最困难的时期里，那些帮助过我们的人，我先生的同事——爱丽森和她的先生，我先生的博士导师贝尔教授和他的夫人茜拉。茜拉因乳腺癌去世的前一天，我给她打电话时，我都没有意识到她已经病得非常严重，她还硬撑着愉快地和我交谈，她那种乐观、善良的天性让我至今难忘。

当时还有一件事给我很大震撼：贝尔教授的华人学生们在参加茜拉葬礼的时候，除了送鲜花之外，有的还送了一些钱。贝尔教授只收下了鲜花，他让我们把钱都捐给英国的癌症研究筹款组织。他说他太太在治疗期间享受到了最新的研究成果，他希望大家能一起努力，早日攻克癌症这个不治之症，这样才能避免更多的家庭忍受失去亲人的痛苦。这是我们第一次为慈善组织捐款。

我发现很多英国人都积极参与慈善捐款活动，而且不仅仅局限于本国的慈善捐款，哪里有灾难就往哪里捐。电视里常常出现号召为非洲儿童捐款的广告。在汶川地震的时候，北爱尔兰华人联合会和红十字会共同努力，在贝尔法斯特就筹集了几万英镑的捐款。我就职的女王大学，当时就为我们安排了上午咖啡时间，同事们来喝咖啡，然后纷纷往捐款箱里投钱。每一个帮助他人的人，脸上都洋溢着快乐和自信。

加利福尼亚大学心理学教授索尼娅·柳博米尔斯基与同事研究发现：积极行为，如帮人买食品或写感谢的小纸条等，是治疗抑郁的有效方法。正是投身于社区文化传播、投身于慈善的活动，让我找回了自我的价值感，走出了抑郁的低谷。

白金汉宫里的中国红

二〇〇七年十月二十五日，我穿着一件深色红花的中国旗袍，在先生和儿子的陪伴下，走进了白金汉宫，接受MBE勋章。

英国的皇宫，还有很多的宫殿，没有水泥地，保留着碎石铺地的传统。我平时是习惯了穿平底鞋的，风风火火地走路做事方便。在这个隆重的仪式上，我穿一双黑色的高跟布凉鞋，有点吃力地走在碎石上，一不小心还需要陪在身边的先生、儿子扶一把。

天微阴，我的心是灿烂的。对于一个普通女子，在异国他乡能够得到这样的荣誉，也算是平凡人生里的一次辉煌吧。当年，我刚刚从中国到伦敦时，曾带着好奇，站在白金汉宫外拍照。那时做梦也没有想到，十几年后，我会到白金汉宫去接受授于我的勋章……

白金汉宫是一座四层正方体的灰色建筑，悬挂着英王室徽章的正门，是英皇权力的中心地。宫内有典礼厅、音乐厅、宴会厅、画廊等六百余间厅室，宫外有占地辽阔的御花园，花团锦簇。走在豪华的地毯上，头顶是巨型的水晶吊灯，身边是那些精致的家具。世界上各色的颁奖典礼很多，但我有幸能在白金汉宫这样一个具有特殊意义的宫殿接受授勋，是毕生难忘的经历。

MBE主要是颁给对社区做出杰出贡献的人。和我一起领奖的人中，只有我一个是华人。其中有很多老人，都是干了一辈子，才得到这种荣誉，我在他们中算是很年轻的了。受勋人和他们的家人着装都很正式、华丽，戴着礼帽。我的中国旗袍显得格外瞩目。旗袍是我在家乡呼和浩特市的裁缝那里做的，红色代表着中国文化里的温暖、喜庆，配上朋友送的玉手镯，那是我第一个玉手镯。我是因为在北爱尔兰传播中国文化、促进当地社区文化和谐而被授予这个奖。这个奖虽然是颁给我个人的，但这也是对中国文化的认同。无论在世界哪个地方，只要能够带着自己民族的文化自信，去为社会和人类做贡献，就会被认可被尊重。

现在想想，我为什么会尽全力，不计功利地去做中国文化的传播？实际上也是因为我当时在异国他乡茫然的人生低谷里，潜意识中有一种强烈的要和自己的母语文化连接的意愿。我是在中国的传统文化教育中长大的，初到异国，文化蜕变和融入异常艰难，母语文化是我生命的底色，只有带着这种底色去融入，才能不失去文化自信，最终找到生命的自信。我庆幸的是，我找到了这条路，并在这条路上秉持文化的自觉，摒弃一些不能和世界文化与时俱进的东西，使我自己和我的家庭在这个曾经陌生的国家里，找到心灵的归宿和生命的活力。

我记得现场庄严、隆重，但又轻松、愉快。负责跟我们解释领奖程序的那位绅士开玩笑说："查尔斯王子跟你们握手的时候，一定要记得撒手哦，不要握住不放了。"还说："如果你听到你的名字以后忘记了走，我就会从后面推着你的屁股把你推上去。"大家哈哈大笑。英国人很严谨，但也很风趣幽默。

查尔斯王子是个很和蔼的老头，一点儿都没有王子高高在上的感觉。我记得在我前面领奖的是一个残疾人，查尔斯就跪下去跟那个人聊天。那一刻，我还挺感动的。等我走到他面前时，他表现出惊奇，问我："你最早是从哪里来的？"我说我从中国来的。然后，他又问我在这待了多少年啦，感谢我对社会多元文化做出的贡献，就像聊家常，很轻松、很愉快，给我的印象非常深。

我从领奖台走下来，看见儿子打着领带穿着西装，在台下微笑着。他的这身衣服是我们去一个店里租的，因为平时华人没有西方人的习惯，从小在正式场合穿正式的服装。我妈妈看到当时的录像，开玩笑说："博文和他父亲举止一模一样，就像两个型号的同类产品。"

那一年，博文十二岁。他看着我，以自己的努力，走到这样的一个颁奖仪式上，相信对一个孩子来说，也会是一个榜样。我对慈善事业的热情和付出，以及我对事业的追求，对儿子未来的成长，以及他对多元文化的包容、热爱，起到了很大的作用。

又一个十年过去了。儿子博文已经从剑桥大学三一学院硕士毕业，被伦敦的一家金融投资机构高薪聘用。我和他，和我的家庭，在中西方文化的冲突和融合里，走向美好……

We can do it！活着就得有这股劲

在这片异国的土地上，二十四年里，经历了那么多，现在我五十多岁，人生已经过半。我已经知道这个世界有多大，也知道自己的渺小和强大。但梦想仍然引领着我向更远处的那片星空走……

有理想的人不少，比我聪明的人也很多。每个人都曾独自经历暗夜的黑，我用力走出第一步，让光照进我的生活。

我不是富二代，也不曾在自己学习的领域中，多么出众，多么顶尖。我不怕从脚下点点滴滴做起，我就是一个不认输、韧性很强的女性。

我常常教育下一代：当你不停地想，有十个想法，有九个都碰壁失败了，可如果有一个想法实现了，你就前进了一小步。我就是这样一步步往前走，碰到什么困难都不停下前进的脚步，就这样走到今天。

在英国没有出路的时候，我做社区工作，连我父亲都说"你做那个有什么用"，但我有种发自内心的激情，推动着我不计报酬、吃苦耐劳去做。唯有在行动中，恐惧才会远去，眼前的困境和艰难才会松动，而他人的看法和说法也会随之改变。

我发现我对一件事情的热爱要好多年才能消退。记得我小时候有那么几年，对飞机模型产生特别浓厚的兴趣。那时没有啊，我就天天做梦，做了好几年的梦，梦见自己坐着遥控的飞机飞上天了。后来对各种遥控飞机我还是很感兴趣。我就是这样一个人，一旦想要做，就不肯放弃。小时候我要是想做一个布口袋，会缝到半夜，不缝完绝对不睡觉，别人都停下来了，我还不停。

英国作为女权运动的发祥地，素有"女性天堂"之称。我在跳蚤市场曾见过一张旧海报，一个脸部轮廓硬朗、眼神坚毅的女人，撸起袖子喊：We can do it！

在他们的审美文化中，四五十岁的女人也是美丽的。一个不放弃自己，注重自我成长、修炼的女人，到了这个年龄会自内而外散发一种成熟、饱满、让人舒服的魅力。因为她经历了职场的历练、体验了丰富的人生，经济基础、家庭关系日趋稳定，这个时刻，也是女人如花绽放、暗香袭人的年龄。

在国内我经常听见有人评论某一个优雅、活力十足的中年女性，"都那个年纪了还保持着这劲头儿，真不容易！"这是一种群体审美意识，认为美丽、活力只属于年轻人，女人年过四十，就开始被放弃和自我放弃："不行了，老啦！还瞎讲究什么。"

人，很容易在这样的生活里，形成无意识的惯性，陷入琐碎的柴米油盐生活中，忽略身边的美、自己生命的活力……

教育的目的是习得一种思维方式——在烦琐无聊的生活中，时刻保持清醒的自我意识（self-awareness），学会思考、选择，拥有信念、自由，这是教育的目的，也是获得幸福的能力。

一个刚刚迈出国门的移民，两手空空，到这片陌生的土地上，住在最有名的公租房区，工作到处碰壁，吃尽千辛万苦，自己想尽各种办法完善自己，融入社会，成为社区领袖，成为少数民族族裔的榜样，不经历这些，我怎么知道自己会这样坚强。

We can do it！

我曾报名参加一个英国政府专门为培养少数民族族裔新闻人才设立的项目，到伦敦培训了几个星期。有BBC著名的记者、制片人给我们上课。每个受培训的人员都分配了一个小型摄像机，到自己居住的地区BBC实习，并自己拍摄一个短片。那次经历十分难忘，让我见证了BBC追求创新和员工们的敬业精神。

世界在转，你或许是一粒尘埃，但也会落定在自己的梦想里。

我曾经告诉儿子：不要听别人怎么说，只要你自己喜欢，不停地去追求，奇迹就会发生。

我非常高兴地看到，这些影响已经在儿子身上显现出来了。他没有像他很多同学一样容易满足，容易放弃。他给自己设立了很高的目标，而且愿意为实现自己的目标而付出辛苦和努力。

不久前，我带着国内各大学来女王大学文化交流的夏令营营员，去参观北爱尔兰著名的风景区绳桥和巨人之路，还有造出泰坦尼克号的贝尔法斯特造船厂。看着中国老师和学生们的好奇、兴奋，想起自己刚来北爱尔兰时来这里观光的心境，和今天竟是迥然不同。

我走在绳桥上，从摇摇晃晃的绳子上走过，两座山之间的风吹来，脚下的惊险变为内心体验的乐趣。海水碧蓝，浪花雪白，风吹过去，翻起哗哗的白浪，映衬着山和石的灰色，草是绿的，人在画中，宛若美景融入了身体的每个细胞。走在由数万块大小均匀的玄武岩石聚集而成的巨人之路上，真切地感受到这条绵延数千米、被视为世界自然奇迹的堤道的壮美。这份美好的体验，是当年初来乍到的我无法体会到的。当人的心找不到归宿的时候，当人的自我价值无法实现的时候，原来是没有能力去体验世间美好的事物的。

如今，我在这块土地上努力了二十四年，从工作到生活都融入了这里，有了一个温暖的家，一份有成的事业，一个让我们欣慰自豪的儿子，成为在当地还算有影响力的华人。那个在草原的星空下做梦，盼着火车把自己带向远方的女孩儿，终于在远方找到了自己精神的故乡。

杨卉给家长的建议

☆ 家长的误区：市场上什么工作好找就让孩子学什么专业，不顾孩子的天性，强迫孩子按照父母的意愿选择科目。

☆ 对孩子抱有很高的期望值，把自己没有实现的梦想都寄托在孩子身上。

☆ 在选择专业问题上幸好儿子没有听我的，毕竟我自己选择专业很失败。

☆ 国内很多父母对发现孩子真正的兴趣和鼓励孩子自己找到兴趣重视不够。

☆ 不能拿着别人为孩子画的地图找自己孩子的路。

☆ 适合孩子自己的选择就是最好的选择，我们要看孩子进校时和离开学校时提高有多大。—— Rockport校长的话

☆ 当父母把孩子所有的假期和周末都用补习班填满的时候，要想一想你的代价是让孩子失去了能够飞向远方所需要的其他本领：沟通能力、团队精神、开拓精神。

☆ 当父母逼迫孩子学不喜欢的东西，或者不让孩子有玩耍时间的时候，就是我们扼杀孩子对世界的好奇心的时候。

PART

教育对话

说中国教育方式没有优点，
英国教育体系完美无缺是不正确的，
没有一种万能和绝对正确的教育体制。
每种教育体制都来源于文化，
由社会、经济等各种因素决定。

5

杨卉和麦瑟底中学校长的对话

我们常常提醒学生，不要急于"长大"

（Y = 杨卉，S = 麦瑟底中学校长 Mr. Scott Naismith，下文同）

Y：对中学来说 A Level 考试（相当于中国的高考）是指挥棒吗？您会按照大学招收学生的标准培养学生吗？

S：是的。我们是按照大学希望要什么样的学生和社会需要什么样的人才来培养学生的。

Y：大学招生只看成绩吗？

S：大学是要看成绩。学生要想去某所学校当然要达到成绩的最基本要求。除了成绩之外，大学或就业单位还要看学生的其他品质。他们寻找的人一定是对自己选择的专业方向真正热爱，肯付出，有独立思考、批评性思维能力，知道如何合理安排时间，有团队精神，有能力承受各种压力。各个大学，尤其是顶尖的大学，重视的不仅是学生掌握的知识有多少，还会注重发掘学生的潜在能力。

我们学校为学生开设的体育、音乐课程以及各种社团、俱乐部不仅为学生提供了使他们成长为性格健全的学生和社会居民的条件，也能帮助他们发挥个人强项和培养个人兴趣，还能使他们有机会向自己报考的大学证明自己的综合能力。同时，学生们也能在这样一个丰富多彩的大家庭中幸福地度过七年的中学生活，这也至关重要。

Y：家长和当地社会对学校的这种培养方式认可吗？他们会不会觉得提高分数比培养其他兴趣爱好更重要？

S：无论家长还是社会对我们的教育理念和方法都非常认可。没有人会认为分数比能力还重要。

Y：为什么培养学生独立思考和批评性思维这么重要？

S：在北爱尔兰，具有独立思考能力和创新能力非常重要。无论是大学还是企业都在寻找这样的人才。只有能够对别人的观点提出质疑，同时又能够倾听别人对自己观点的质疑的人才能不断进步，才能成为人才。整个世界的进步都要靠有创新能力的人才。

Y：您不觉得学生太年轻，对现实世界不了解，他们的梦想很多都实现不了，应该让家长多参与学生选择未来的学业方向吗？

S：多年的经验和事实证明，强迫孩子学他们不喜欢的专业的结果只能是毁掉孩子一生的幸福和由工作带来的快乐，使他们失去在事业上取得突出成就的机会。所以无论是学校还是家长在指导学生选择专业方向的时候，一定要尊重孩子的爱好和兴趣，不能按照自己的意愿强迫孩子选择自己不喜欢和不擅长的专业。

Y：为什么明知道有些专业不好找工作，收入也不稳定，还鼓励孩子按自己的意愿去选择这样的专业呢？

S：我们学校设有专门负责学生选择大学专业的指导老师。我们的老师会根据每个学生的兴趣和特长，帮助学生选择将来择业方向比较多的组合科目。我们建议学生不要过早限制自己的专业方向，以便将来兴趣明确后改变方向。碰到学生要学习的方向就业前景不很乐观的情况，我们会把这些事实都给学生摆出来，再给他们提供读完某个不好就业的方向后转向其他方向的机会和可能的路径。最后的决定还是学生自己做。

Y：我对我自己的孩子博文的最大感受是他对很多大的问题都有很成熟和独立的见解。听一个朋友讲，她女儿在考经济学的时候，面试的一个问题是撒切尔夫人时代的经济政策。在中国，这种"大的问题"不是一个中学生在课程中会面临和涉及的领域，这是大学里才需要面对和了解的内容。中学生为什么就被问到这样的问题？

S：中学的教育要为大学的教育做准备，这个过程应该是循序渐进的。学生在低年级的时候，就要引导他们开始思考一些"大的问题"。学生小的时候，可能他们的答案很简单、很浅显。随着年级的增长，他们的答案会越来越有深度、越来越复杂。

Y：您不认为考入名校，对学生的就业更有帮助吗？雇主不需要橄榄球队员和音乐爱好者。

S：所有的雇主，希望找到的人才都是除了具有专业技能之外，还能够承受工作中的压力，有合理安排时间、提高工作效率的能力，能够和同事们分工合作，具有团队精神。学生们参加的各种活动，能够帮助学生证明他们具有这些能力。原因是要想在这些课程之外的活动中取得好的成绩，要付出很多努力。虽然最开始是出于爱好，但是没有执着的精神，没有合理安排上课和课外活动的时间的能力，没有团队精神，是不可能一直留在这些团队里面的（比如合唱团，常常需要早上上课之前提前到学校，还需要在午间吃饭时或放学后练习）。而且一直坐在那里学习，不换脑筋，效率会非常低下。

Y：学校对学生恋爱的态度是什么？是否觉得会耽误学习的时间？

S：我们从中学一年级开始就对学生逐步进行身体、情感和心理等方面的性教育。学生们明白对异性产生兴趣是很正常的事情，他们也明白爱情会有什么样的情感变化，他们更知道如果失恋会对他们的心理带来什么影响。我们的原则是要适度。既要为成为成人做准备，又不能成熟得过早。现代社会的发展，使得孩子们成熟的年龄提前了很多。尤其是电视和媒体的发展，使得孩子们有压力，尽早成熟。我们常常提醒学生，不要急于"长大"。

博文的中学

　　每年英国的 A Level 考试，北爱尔兰学生的平均成绩都远远超过英国其他地方。正是因为北爱尔兰的学校能培养出高质量的学生，每年春季大学招生的时候，英国顶尖的学校都争先恐后地到北爱尔兰的中学做宣传，吸引成绩好的学生。北爱尔兰有一些中学有着向剑桥大学、牛津大学输送优秀毕业生的悠久历史。一些从北爱尔兰走出去的学生成了诺贝尔奖获得者、英国议会议员、伦敦市长、世界著名高尔夫运动员、好莱坞著名影星等。

　　以博文曾就读的中学——麦瑟底中学为例，学校建于一八六五年，是北爱尔兰最好的中学之一。这里曾培养出物理学诺贝尔奖得主，多年来这里以高质量的教学和音乐、体育成绩突出而著称。这所学校有很多优良的传统，除了对学生智力的开发、培养学生锻炼身体的习惯和对学生文化修养进行熏陶之外，尤其注重对学生的道德教育和社会价值的培养，被看成是北爱尔兰基础教育最高水平的代表。

麦瑟底中学有着多年向剑桥大学、牛津大学和爱尔兰三一学院输送优秀毕业生的传统历史。二〇〇九年，它被《泰晤士报》评为北爱尔兰排名第二的中学。在它每年两百多名高中毕业生中，有近一半的学生考入英国罗素大学联盟（由二十四所英国研究型的大学组成，代表着英国的优秀大学），并有数名学生考入剑桥大学和牛津大学。博文高考那年，麦瑟底中学共有十一名学生被牛津大学和剑桥大学录取。下面这些被剑桥大学、牛津大学录取的学生数量就更能证明这是一所非常优秀的学校：二〇一一年十五名，二〇一〇年十六名，二〇〇九年十五名，二〇〇八年十三名，二〇〇七年十四名，二〇〇六年八名，二〇〇五年二十三名，二〇〇四年二十一名，二〇〇三年二十二名。剑桥大学的报纸 Varsity 把麦瑟底中学列为为剑桥大学输送优秀学生的英国前十名的中学之一。

我发现，实际上能够考入牛津大学、剑桥大学和其他英国顶尖大学的北爱尔兰学生数量应该可以更高，因为很多爱尔兰人更愿意去爱尔兰共和国首府都柏林的名校三一学院，或者留在同为罗素大学联盟成员的贝尔法斯特女王大学读书（留在当地读大学的学费要比去伦敦便宜一半多）。

麦瑟底中学在体育项目上也取得了突出的成就，尤其是橄榄球。在奥斯特省中学橄榄球比赛中，麦瑟底队曾三十五次夺冠。

麦瑟底中学的音乐教育更是闻名北爱尔兰甚至英国，它的合唱团多次赢得英国、全爱尔兰岛及北爱尔兰比赛的大奖，在著名的威斯敏斯特大教堂和卡内基音乐厅都进行过表演，在英国女王伊丽莎白二世访问爱尔兰共和国时，他们也进行了表演。

当年博文考中学的时候，当地朋友们特意告诉我要提早就把博文的申请表交到麦瑟底中学，当时的阵势不亚于国内考重点中学。麦瑟底中学还有一个政策是：如果几个孩子中姐姐或哥哥已经被学校录取，弟弟妹妹们就有入学优先权，这样为父母接送孩子提供便利。

文法学校的精英式教育

北爱尔兰之所以拥有英国最好的基础教育，是有其历史和社会原因的。

首先要从英国的文法学校说起。

二〇一六年九月，英国首相特雷莎·梅宣布，政府将改革现行教育体制，让所有学校通过能力测试选拔学生，从而使脱离欧盟之后的英国实施"精英教育"。

特雷莎·梅在就职首相以来发表的第一次国内政策演讲中说："我希望英国成为世界上最伟大的精英统治国家，在这里每个人都可以按照自己的才能和辛勤工作的程度获得公平的机会。"为了实现这一目标，她提出要恢复旧时的文法学校，让所有学校拥有自主选拔学生的权利。

英国的文法学校相当于公立的"重点中学",其教育水平不亚于优秀的私立学校,并且学生不用缴纳高昂的学费。文法学校与普通中学的唯一区别在于,学生申请入读时需要经过严苛的考试。入学考试在学生十一岁时进行,未能参加考试或落选者将按其所在学区就近入读普通中学。

二十世纪五六十年代,英国工党及宣扬平等主义的教育家们反对设立文法学校,认为其加剧了阶级分化和中产阶级的特权。一九六五年,英国政府宣布通过建立新的综合学校逐步取代原有的文法学校。一九九八年,英国前工党领导人、时任首相布莱尔宣布禁止开办新的文法学校。目前,英国有三千多所普通中学,但文法学校只保留了一百六十三所。

这份教育改革计划虽然有待议会批准才能实施,但在英国国内已经引发了不少争议。我通过当地朋友所了解的情况是,由于工党的政策所造成的后果是在英国本土,普通中学严重缺乏老师,政府不得不付钱培训教师来填满教师的位置,而即使这样,也很难吸引到好的老师到综合学校去工作,因为他们常常为不守规矩的学生的出格行为而头痛。在英国本土,教师并不是一个受人尊敬、稳定和舒服的工作。

虽然工党的意图是提供一个公民平等受教育的机会,但事实并非如此。家长为了把孩子送进一所比较好的普通学校,常常需要在附近买房子,就像国内的学区房一样,学校周边的房价就会升得非常高。经济困难的家庭,由于无力购买学区房,孩子仍然无法进入比较好的综合学校。如果想让孩子得到好的教育,家长就必须缴纳昂贵的费用才能送孩子到私立学校（学费每年要一万多英镑，再加上其他费用，常常达到几万英镑）。

在北爱尔兰，情况则完全不同。由于特殊的历史和政治原因，北爱尔兰没有受到工党当时取消文法学校政策的影响，所以一直延续了这种选拔制度。

在北爱尔兰，孩子四岁上小学，七年之后也就是十一岁要进行中学入学考试，成绩好的学生进入文法学校。中学要读七年，十一岁到十六岁是GCSE（相当于国内初中），十六岁到十八岁是高中。

北爱尔兰的小学和中学每个班一般不超过二十人，这样老师可以照顾到每一个学生。而在英国本土，普通学校的班级人数则要达到四十到五十人。

在北爱尔兰，教师被看成是受人尊敬、稳定和体面的工作，不仅能吸引北爱尔兰最优秀的人才，还吸引了许多英国本土的优秀教师。由于有雄厚的教师队伍，又延续了小班授课和重视个性发展的传统，在北爱尔兰，孩子享受到的是与英国本土最好的私立学校一样的资源。

这一点让我感到非常幸运。博文接受了最好的教育，而且几乎是免费的。中学阶段每年也就交几百英镑，而且还有一部分是自愿交的学校发展资金，困难的家庭就可以不交。中学七年，家长几乎不需要为孩子买任何学习用具和书籍（除了博文自己课外喜欢读的《哈利·波特》之类的非学校学习类的书籍）。学校有家长和教师联合会，供家长反映意见和组织各种聚会、慈善或者筹款活动。

　　学校用传统的理念教育学生：尊重老师，在任何场合对老师的称呼一定是某某先生、某某小姐、某某太太，男孩严格按照绅士风度来要求，女孩的举止也一定要优雅。学生从不大声喧哗，不在学校里推搡和乱跑。鼓励学生做慈善，不以人种和宗教来区别对待同学。社交、体育、音乐是中学教育的重要部分。每当我看到博文和他的朋友们，我都非常惊奇地感到每个孩子都那么温文尔雅，那么有礼貌，可是眼神里面又是那么的不卑不亢，那么自信。我常常感慨，这里的学校如此成功地既教育学生们守规矩和承担社会责任，同时又保护了孩子的独立的个性和个体的自尊。

英国老师的课堂设计

　　这里的一位中学老师，曾给我讲她是如何授课的:

　　比如我要给学生上一堂课，讲的是有关十八世纪二十年代奴隶从美国田纳西州逃往加拿大的一部小说。

　　这堂课结束之后，要了解学生是否对这篇小说有一些想法和对其发生时期的历史背景有所了解。

　　为了达到教学目的，我会用幻灯片给学生看十八世纪的报纸资讯，比如抓到逃跑的奴隶会得到奖赏……这样的历史素材英国的博物馆和图书馆里很容易找到。

　　然后学生被分成小组—— 一组扮演奴隶，一组代表奴隶主，另一组代表寻找一切机会挣钱的穷人，还有一组是认为奴隶制度是错误的人。

每一个小组要对报纸上的悬赏消息进行评论。

学生们必须互相尊重，但是鼓励提出问题和挑战其他小组的观点。即使学生本人并不赞同自己所在小组的观点，他们也必须按照自己小组的观点进行辩护。

倾听另一个人的观点，是学生需要掌握的一项重要技能——因为只有我们明白了其他人，我们才能挑战他们和挑战我们自己。

这时学生们已经进入角色，开始思考历史社会中的复杂的问题：在当时的历史条件下，奴隶制度促进了经济发展……这样这堂课的目的就达到了。

然后，我会布置作业:"使用网络，寻找一封以前的信件或一份报纸，里面有讲述在一八〇〇到一八四〇年间夸克（一种宗教组织）在帮助奴隶逃往加拿大中所起的作用。用你自己的语言来对你查到的信息进行分析。"

…………

6

杨卉和博文的对话

人生远远不止考试

（Y＝杨卉，B＝博文，下文同）

Y：中国的中学生往往每天做作业到很晚。中国家长虽然知道这样有弊病，对孩子的长期发展不一定好，但是中国家长认为这样的代价是值得的，因为进入好的大学是找到好工作的敲门砖。

B：我认为让孩子每天有做不完的作业是不对的。因为孩子需要发展一些在分数上显现不出来的能力，这些能力对孩子长大之后非常重要。生命不单单是要考好的成绩。无论每个学生如何努力，总会有学生排在后面。培养学生的目的，不单单是培养尖子生，更是培养对社会有积极贡献的人。考试取得好成绩固然好，但是学业结束后，成绩不再有用。人生远远不止考试。

我承认，好的成绩会得到雇主的青睐，容易找到工作。可是如果放弃了培养其他能力，只关注考试分数，设想一下，即使你得到了一份好的工作，很想得到提拔，可是你没有和人沟通交流的能力，没有面对挑战和困境的信心和能力，你怎么与人打交道或者升到经理的位置？你可能算一道数学题很快，但是公司怎么可能重用这样"瘸腿"的人？

我在剑桥大学碰到了一个从中国大陆来的学生。他受到中国式的学校和家长的严格训练，16岁就到剑桥大学来读本科了。我和他聊起中国教育的严格训练，他说他很后悔他的经历，他真希望他没有经过这样严酷的训练。他现在意识到他缺失了童年和少年所有孩子应该得到的乐趣，而且缺乏很多技能。他现在意识到这样的代价换来的这个名校读书的机会，实在是不值得。

Y：但家长的想法可能是：不好好学习，考不上好大学，就没有未来和前途。

B：我能理解为什么中国的家长对自己的孩子有这样严格的要求和督促。有可能是因为长期以来，读书是很多家庭摆脱贫困的唯一出路和办法，尤其是处于贫困地区的家庭。总体来讲，中国过去几十年发生了翻天覆地的变化，人们的生活水平大幅度提高。比起上一代人，他们的生活已经好了太多了，中国现在富裕很多了。对于这些富裕起来的家庭来说，摆脱贫困已经不是首要的任务了。这样的话，即使没有考上顶尖的大学，也可以追求个性化的快乐了。所以新的时期也许要改变思路了。

Y：大家也很注重比赛中拿大奖，比如学习音乐，非常重视表演的曲目。

B：在比赛中拿大奖当然好，然而要想真正在音乐上有所成就或者培养音乐修养，必须对音乐整体背景有了解。在音乐方面有成就的人一定是对音乐发自内心喜爱的人。所以一定不能为了得奖而学音乐或其他技能，一定要以孩子的兴趣为主。

Y：为什么你的学校几乎每个学生都学习至少一样乐器或者参加合唱团？

B：学校的教育者们可能是根据科学调查的结果而这样做的。有证据显示音乐对学习数学很有帮助。我相信音乐在学生早期学习中可能有积极的作用，而且可以帮助学生培养团队精神和与社会交往的能力。一个乐团演奏乐曲是要分工协作的，与自己的乐队或合唱团参加各种演出，会帮助我们交朋友，而且还有利于培养学生合理安排学习和社会活动的能力。

没有一种万能和绝对正确的教育体制

Y：你在家受到的是中国父母的教育，到了学校受到的是西方的教育。在这样的环境中成长，你的感受是什么？

B：感触太多了！我确实经历过父母给我带来的很困难的阶段。

先说你们的功劳吧。由于父母给我的压力，使我到达了自己可能不能达到的程度。幸运的是，我交往的朋友也和我一样很上进。还有你们并没有只是让我学习功课，而是带我学了那么多特长，比如话剧、跳舞、钢琴等。也没有强迫我学习不喜欢的项目，还教育我一旦选定，就坚持做好。另外，来自父母的压力使我更坚强，不惧怕压力和挑战，比如应付剑桥大学的学习压力。你们使我看到了人生长远的规划，使我意识到把玩游戏的时间拿来多花在学习上，进入好大学，对我未来有好处。对于孩子来说，很容易沉迷在眼前的游戏当中，忘记了人生重要的几步要把握好。比如在我准备STEP考试的时候，你们让我意识到当时的辛苦和努力对我下一步进入剑桥大学非常关键。那六个月的时间是我人生最困难的时期。如果没有你们的激励，我自己恐怕没有毅力坚持下去。你们让我意识到我离剑桥大学只差最后一步了。坚持下来就是胜利。

Y：当地的家长不会这样激励孩子吗？

B：当地家长会告诉孩子：考不上没有关系，生活要继续，还有很多路可以走。当地家长总是鼓励孩子，和中国家长不同。

Y：父母做得不好的地方有哪些？

B：我父亲有时候试图把他的观点强加给我，还经常提醒我不够努力，这种做法不仅对我没有帮助，还耗费了我很多精力，给我带来了很多不快。另外如果父母总替我做决定，让我会怀疑自己做决定的能力。我不喜欢中国有些古话，比如"不听老人言吃亏在眼前""我吃的盐比你吃的饭还多"。我不明白这样的话的逻辑是怎么来的！老人中也不乏愚蠢的老人呀！当地家长不会这样做，只有华人家长这样。另外我前面提到了，我不同意把所有时间都花在学习功课上。

你和我父亲做得不对的地方是你们不应该在我十多岁的时候就开始给我灌输我要考上剑桥大学的思想。对一个十几岁的孩子来讲压力太大了。你们可以激励我努力，但不应该设定一个顶尖大学作为目标。你们看到了我当时以为学校没有给我注册STEP考试，我整个人都崩溃了，我以为我这些年的努力白费了，对我心理造成了很大的影响。

Y：你开始有自己的观点的时候，我们也是克服了很大的心理障碍去适应你。因为中国家长希望孩子听话，顶嘴被看成是不礼貌的行为。

B：我认为父母应该为自己的下一代比自己强而感到高兴，这说明我们家没有一代比一代更差！

Y：我们多给你钱你总是不要，而国内的很多孩子通常不会这样。

B：当我看到你和我父亲生活那么节俭，我不忍心多花你们的钱。我知道我每多花一分钱，都是你们节省出来的。可能是因为在长大的过程中我学会了要为自己的决定负责任，所以我觉得我有责任关爱你们。我不能只想自己，不能太自私。国内一些孩子的问题我猜测有两点：一是父母的教育方式没有能让孩子自己做决定，并为自己所做的决定负责任。好像孩子被父母拥有，所以没有觉得自己要为自己的行为负责。另外，社会大环境的攀比之风和炫富的不良风气影响了孩子。这里的社会，即使有钱人，也会尽力节约，把钱花在刀刃上，不会为了炫耀乱花钱。

Y：中国很多母亲以为了孩子奉献自己的一切为荣，而我认为母亲要给孩子做出榜样。你觉得呢？

B：孩子受父母影响是非常大的。父母应该为孩子做出追求事业和人生成功的榜样。我的同学中到处可以看到这样的例子。父母成功，影响到孩子，孩子也非常上进。自己不努力，把压力都放在孩子身上是不对的。

说中国教育方式没有优点，英国教育体系完美无缺是不正确的，没有一种万能和绝对正确的教育体制。每种教育体制都来源于文化，由社会、经济等各种因素决定。

不断地帮助孩子做正确的决定

Y：为什么很多人认为英国的孩子看上去都像个小大人，中国年轻人就略显幼稚呢？

B：中国年轻人之所以看上去幼稚可能是因为在成长的过程中家长和老师不断地给学生一种信号：成年人比你懂得多，比你有经验，比你有智慧，你们的观点没有任何价值。"不听老人言吃亏在眼前"等都是这样教诲的例子。慢慢地，孩子内心就开始相信：我个人的观点没有价值，我要听大人的教诲。这样孩子就对自己的观点和想法失去了信心。所以年轻人，在大人面前表现得还像小孩一样。而且长期这样地灌输，使得中国年轻人没有独立思考和批判性思维的能力。

Y：但孩子总是要懂得遵守社会规则的，总不能为所欲为吧。那么如何保护孩子对自己观点的表达和信心，同时要教会孩子遵守社会规则？

B：当然，家长要管教孩子，尤其是小孩子。比如四岁的孩子，需要管教他，不容许他每天就吃自己喜欢吃的糖。但是我认为合格的家长应该帮助孩子明白不能多吃糖的道理。不是家长要替孩子做一切决定，而是不断地帮助孩子做正确的决定。在教育孩子的过程中要说服孩子和帮助孩子做出正确的选择。通过这样的培养方式，孩子才能有自信自己面对世界，并做出自己的选择。中国家长常常犯的错误是以爱的名义，替孩子做一切决定，并强迫孩子接受。合格的父母应该给孩子指导、建议和自己的经验等等，让孩子作为参考，最终让孩子自己做决定。经常责备孩子的父母会使孩子失去自己做决定的信心，对孩子的成长非常不利。

好的父母应该是在孩子离开家的时候，相信自己的孩子能够透过复杂的环境，进行理性的分析，做出正确的决定。

恋爱本身也是学会和人打交道

Y:"早恋"是中国父母头痛的问题。我的感觉是这里比较宽容。你中学时对女孩开始感兴趣,我惊慌失措地向我的同事求助。她们告诉我要让你学习和成长,才知道如何找到合适自己的老婆。

B:你的同事的观点非常正确。找到合适的人生伴侣是人生中一件非常重要的事。因为你要和这个人一起度过大半生。没有任何经验就步入婚姻的殿堂非常不明智。这样重大的事情绝对不能非常简单地处理:大学毕业,找个对象,然后结婚生子。如果你让我和第一个相处的女朋友就结婚,我不会开心的。

Y：但是谈恋爱不耽误学习时间吗？

B：这个问题和前面所谈的问题是一样的。在孩子成长过程中不能只学习，要培养和训练其他生活技能。学生不可以每一个小时、每一天都花在功课学习上。人生活在世界上是需要和人打交道的。任何公司都要求职员和本公司其他相关部门、客户打交道。管理阶层就更需要和人打交道。恋爱本身也是学会和人打交道。这些能力都不能在分数中显现出来。恋爱确实花精力和时间，但是我认为这样的代价值得，可以帮助我提高社交能力。

Y：你的中学是不是教你们两性关系？

B：是的，好像是在中学五年级的时候教的。生物课上也学过生命是如何诞生的知识，好像是十二岁学的。

Y：你觉得为什么中国年轻人失恋后有时候会发生毁容甚至杀害对方的事件，而英国很少听说？

B：这是极端情况吧。伤害对方的同时把自己也毁了呀！有可能是没有多少恋爱经验。

Y：即使知道自己也毁了，也还是有年轻人这样做。英国人、中国人都是人，难道英国年轻人不会感觉失恋的痛苦难以克服吗？

B：我们一样感到痛苦。年龄越小，越不好克服。但是由于英国的社会，基督教的思想深入人心。即使现在并不是人人都信基督教，但是大家受到这样的道德教育，那就是你希望别人怎么对你，你就需要怎么对他人。所以不要伤害其他人。另外朋友之间也会互相帮助，渡过难关。我相信做出极端行为的人肯定是没有什么朋友，自己很孤单。

7

杨卉和国内母亲的对话

孩子在考试前还过度玩游戏，应该怎么处理

我当时的做法是先了解孩子是否真的完成了作业和需要复习的内容。当我发现他确实已经完成了功课的时候，就放手让孩子玩。而且我觉得考试之前放松放松肯定比累得昏头涨脑效果要好。控制孩子玩游戏的时间不能太教条和机械，最好是让孩子玩上几个小时过了瘾，然后好几天不玩——博文喜欢这样。

因为博文的学校作业不多，所以还是有很多玩的时间。另外每个孩子强弱科目不同，有的考试科目不需要太多的准备，有的科目可能要花更多的时间。

在孩子贪玩的事情上，我个人觉得问题的关键是要让孩子意识到努力考出好的成绩不是为了家长，不是为了老师，而是为了他自己，要让孩子有一种为自己行为负责的责任感。

我在讲座里也提到了要给孩子无条件的爱，就是把孩子本身和他的行为加以区别。无条件的爱不仅意味着接受、关怀、不拿他和别的孩子做比较，还意味着父母要通过鼓励的方式，让孩子不断改进行为，从而成长。

举一个简单的例子，孩子匆匆忙忙做完了作业，让我检查，想早点出去玩。如果我的反应是："太乱了，很多都错了，回去重做！"或者"你这个懒孩子，回去重做。不都做对了，别想出去玩！"第一个下结论式的做法没有教会孩子任何道理，第二种方式给孩子贴了个懒惰的标签，会对孩子的自尊造成伤害。

不伤害孩子自尊同时又能教育孩子的正确方法是，让孩子自己看他完成的作业，然后问孩子，如果他自己是老师或家长，他能对这样的作业感到满意吗。家长往往习惯性地给孩子纠正错误、下结论、贴标签、训斥孩子，而不是给孩子机会表达他自己的观点。如果让孩子表达他的观点，孩子其实很清楚自己有意逃避责任好早点出去和朋友玩。要对孩子说："我明白你希望早点出去玩，但是如果我让你逃避你应该认真做好作业的责任的话，我就不是真正地爱你了。"这样在父母的帮助下，认真完成作业之后，孩子会高高兴兴地出去玩。父母和孩子之间的关系更密切了，孩子的自尊心得到了保护，同时孩子在父母帮助之下意识到了自己的责任。

男孩开始独立的时候，妈妈该如何应对

我的经历是，孩子很小的时候，母亲照顾多一些，等男孩稍大一些的时候，父亲就要多参与一些了。因为我不擅长运动，博文运动的习惯都是他父亲培养起来的。父亲能教会孩子冒险精神。博文的父亲带博文爬山、游泳、打羽毛球、打网球、打乒乓球（我们家买了乒乓球台、跑步机、台球桌、篮球）。学习方面，他父亲也管得比较多，常跟他讨论股票市场和计算机软件的事情。爷俩还常常下国际象棋，刚开始父亲让儿子，儿子才有机会赢，后来父亲一点赢的机会都没有了。

作为母亲，我尽量和儿子像朋友一样相处，对他表示信任，我不会不停地嘱咐和唠叨生活的琐事。同时我还渐进式地把单位的事情慢慢跟他讲，他慢慢开始了解和进行评论，我也开始和他商量自己的一些想法，让他感到妈妈把他当成大人。这样他既能了解成人的世界，还觉得自己能给大人出主意了，很高兴，这有利于他自信心的发展。

怎样才能帮助孩子做到重要事情重点做

有家长反映，他们家女儿各个方面都追求完美，但随着学业增加，时间不够，难免会顾此失彼。他们家女儿虽然也懂这个道理，但心理强迫感作祟，事事要求完美。我觉得追求完美不单单发生在女孩身上，也会有追求完美的男孩。

我自己就是个追求完美的人，这给我带来很多烦恼，因为一旦达不到希望的结果自己就难受和自责。就这个问题，我还特意找过心理医生。医生告诉我，追求完美是缺点，绝对不是我们常常认为的是要强的表现。因为追求完美会阻止我们在生命的道路上继续学习和提高自己。要让孩子知道追求完美是不正确的，做任何事情都有改进的余地，都要抱着不断学习和改进的态度。

另外一点，孩子需要学的是 Prioritize（优先处理）的做事方法，就是要按事情的重要性和轻重缓急来安排投入的时间。我在英国这么多年，从当地人身上学会的一个重要工作方法就是按事情的轻重缓急来选择处理的先后顺序。

我每天早上，都把这一天需要做的事情列出来，然后按轻重缓急的顺序排好。往往把简单和很容易完成的事情先做完，然后关掉电话，专心几个小时完成写报告或其他需要动脑筋的事情。我们还有周计划和月计划等。

博文在初中阶段就学会了合理安排时间。他们当时的活动非常多，每周都事先把所有细节都放进一个详细的日程安排表，什么时间做什么非常清楚。

另外，英国人计划性非常强，从不出现最后一分钟才忙着对付一下的情况。所以看起来好像是他们做事情慢，实际上他们做事的质量和细致程度是非常高的。

我建议您可以和孩子坐下来，把下一周、下一个月、下一个学期的任务和目标都列出来，然后和孩子一起把每天的活动时间表都详细列出来。这样，即使时间安排很满，也不会顾此失彼了。而且在商量的过程中，要让孩子意识到，有些事情是不能做的或者需要花很多时间做的。一旦孩子意识到完成这些任务是她自己的责任，而且当她意识到在一些不重要的事情上花费太多的时间，会影响到她完成更重要的事情的时候，她自己就知道取舍了。

如何发现并培养孩子的特长

我觉得在鼓励和培养博文发现自己的兴趣方面，博文就读的中学起了很大的作用。

每个孩子不一样，有的早有的晚，父母要有耐心。父母发现孩子的兴趣和孩子发现自己的兴趣可能直到大学毕业都不一定完成。国外有很多人本科、硕士和博士读的专业都是不一样的，因为他们在找自己的真正兴趣。得分高的科目并不一定是孩子的真正爱好。

博文中学时化学、生物成绩都非常好，但是他没有选择学医。他喜欢数学，当时我劝他读精算，对数学要求也很高，但是他不喜欢，他还考虑过学量子力学……尽管他现在找到的工作是股票交易，他说，干几年之后，也许回学校读博士，将来做学问。我的态度是让孩子慢慢找他自己的兴趣。

在中学阶段，如果孩子对某个方面感兴趣，可以和孩子一起选一些课外读物，让孩子有机会在宏观上对这个领域有了解并对这个领域目前的发展状况有了解。不要挑太难懂的书籍强迫孩子读，要让孩子自己选。最好和孩子一起看这些杂志和书籍，一起探讨，增加兴趣。

在博文和他的好朋友报考剑桥大学的时候，我发现学校还考查学生对自己热爱的领域是否真的有深入的了解。学生要看很多这个领域的书籍和杂志，对这个领域目前的发展状况和难题都要有所了解，单单靠几本参考书是远远不够的。

由于我在国内长大，这些都是我慢慢体会和学到的。所以，对博文这方面的帮助很有限。但是我在学习态度上可能对他有借鉴作用。博文订了几年的经济杂志，他每看完一本就交给我看。我对这些杂志表现出非常喜欢读的态度。他还买了一些哲学书，他为我挑选了其中几本容易理解的，我也表现出极大的热情。但是实际上有的太难了，我没有看完！我笑着告诉他我越来越看不懂了。妈妈落在儿子后面了。这样做既给孩子做榜样——对学习新东西有热情，同时孩子还能为超越父母感到兴奋！

另外我觉得英国学校让孩子到自己考虑学的专业的公司去参观和实习值得我们借鉴。父母可以带孩子多去了解不同的专业方向，让孩子自己慢慢找感觉。

如何陪伴孩子度过青春期

我不是教育专家，这方面提供的建议很有限。

博文的逆反期到来的时候，我也很纠结。我当时面对的挑战不仅是代沟，还有文化差异。我自己的做法是改变态度：一是倾听孩子的想法；二是达成君子协议，可以平等争论；三是和孩子的关系逐渐变成朋友。

变成朋友的有效的方法是，我让儿子知道，我自己也年轻过，我理解少男少女的想法和做法，我对他和同学们一些小小的疯狂行为也表现出了非常大的宽容度。不仅如此，我自己也时常放下架子和孩子一起开玩笑，他父亲也和他们一起疯狂地玩。通过这种方式，代沟减少了，孩子愿意把真实的想法告诉我，我的意见就容易被孩子接受。我还告诉儿子，我的意见只能做参考，他有自己的主见和做决定的权利。

附 录

博文申请剑桥大学的个人陈述

It is hard for me to find another pursuit that is as stimulating as Mathematics. Learning that Mathematics is at the centre of human endeavour to understand the underlying order of the world was a fascinating revelation. The feeling of elation when I first came across the "infinite primes" proof was unparalleled; it illustrates Mathematics' power to establish irrefutable truths of nature. The realisation of its generality and power, along with my persistent questioning and exploration of ideas we were taught in class, cemented my interest in Mathematics and my hope to study it at university.

This interest initially stemmed from my participation in the Maths Challenge and British Maths Olympiad. I relish sitting these papers because of their emphasis on creative thinking and proof, rather than the recitation of equations that we do in class. As such, I have received 5 Gold and 4 "Best in School" certificates, and I recently qualified for BMO1 (Bronze Medal) and BMO2. Out of curiosity and a willingness to develop my versatility in problem solving, I also competed in the Physics Challenge, receiving Silver and Gold certificates, and the All Ireland Linguistics Olympiad (team 1st prize), which involved logically connecting unfamiliar ideas—a useful skill in Mathematics. I also competed in the Queen's University team Mathematics competition where we came 2nd out of 30 schools.

To support my passion for Mathematics, I attended 3-4 day courses at Queen's and Durham universities during which I experienced the great diversity of Mathematics from cryptography to topology; I was particularly engrossed by the way dominos can reflect the basic functions of a computer. I read broadly in Mathematics and after reading Du Sautoy's *Finding Moonshine*, I decided to write an essay for the Peterhouse College Science Essay Prize, entitled *Arabic tiling, the golden ratio, quasicrystals and a Nobel*

Prize–the importance of pentagonal pattern. It gave me a chance to explore the tools for determining tessellation properties methodically rather than simply from aesthetics; very rewarding indeed. Korner's book *The Pleasures of Counting* was especially useful in helping me appreciate the breadth of applied Mathematics. Among other things, it emphasises the vital importance of statistics when resources are scarce e.g. during war. To put Mathematics in context, I have taken Physics and Economics A levels. In particular, Economics has helped me relate Mathematics to the real world and the issues discussed in "The Economist" which I often read. The articles on volatile financial market movements reveal the recursiveness of economic variables, amply explained by chaotic models, which I find is a very exciting area for thought. Calculus is evidently also integral to the modelling of the economy which is why I am eager to study mathematical analysis in university.

My involvement with Model United Nations, where I often debate in the Economics Committee, has helped me keep abreast of current affairs and in boosting my communication skills. Debating and Mathematics are closely linked in that both demand logical reasoning to form coherent arguments. As part of my Prefect duties, I mentored Form 1 students in Mathematics, which forced me to explain ideas clearly to those with an early understanding of the subject. Music is also a big part of my life. I frequently perform at recitals and festivals, and am about to sit my piano diploma exam. I am also a member of our school's Chapel Choir which has toured the USA and performed in Carnegie Hall. Performing a diverse and challenging repertoire both as a pianist and a singer has made me a persevering and well-organised person, let alone it being an enjoyable pastime.

The combination of curiosity, critical thinking and logical consistency required by a mathematician is a challenging mix to achieve, but one which would undoubtedly be very rewarding. This is why I hope to study Mathematics at a higher level.

博文个人陈述的汉语译文

　　对于我来说，很难找到比数学更让人兴奋的追求目标了。一个发现让我欣喜若狂：数学是人类努力揭开世界最根本秩序之谜的核心。当我第一次接触到"无限素数"的概念时，那种热血沸腾的感觉是前所未有的。它展示了数学在揭示大自然真相中的强大力量。意识到其覆盖面之广，其力量之伟大，加上我在学校的课堂上对数学问题的执着追问和探索，使得我对数学产生了极大的兴趣，因此希望能在大学学习数学专业。

　　我对数学的最初兴趣萌芽于参加英国数学挑战赛和奥林匹克数学竞赛。我在做这些试题的时候，尽享其中的乐趣，因为这些试题不同于我们平时在学校课堂上记忆的那些方程式，试题偏重于创造性的思维和证明。我参赛的总成绩是共获得五枚金牌和四次学校第一名。最近我又先后入围英国奥林匹克数学竞赛1级（获铜牌）和英国奥林匹克数学竞赛2级。出于好奇和发展自己整体解决问题的能力，我参加了物理挑战赛，获得了银牌和金奖。我还参加了全爱尔兰岛语言奥林匹克竞赛，获得团体组第一名的成绩。此次参赛，需要用逻辑思维把不熟悉的问题联系起来，这又是一个在数学上很有用的技能。我还参加了女王大学团体数学比赛，在三十个学校的代表队中我们获得第二名。

对数学的热爱，还驱使我参加了女王大学和杜伦大学的三至四天的短期培训课程。从中我了解到了数学的广泛分类——从密码学到拓扑结构。尤其是我注意到了多米诺骨牌可以反映计算机的运作原理。我阅读过很多数学方面的书籍，当我读完了Du Sautoy的《寻找月光》之后，我决定给彼德堡学院科学论文奖栏目写一篇论文，题目是《阿拉伯语平铺，黄金比例，准晶和诺贝尔奖——五角形图案的重要性》。在这篇论文里，我探索确定了曲面细分性能的数学工具，而不是简单从美学的角度分析，我的收获非常之大。Korner的书《数数的快乐》使我也受益颇多，因为它帮助我了解到应用数学的广度。书中尤其强调了在资源短缺的情况下，比如战争期间，统计的重要性。以数学为核心，我还选择了物理和经济学作为我大学考试的选择课程科目。经济学可以使我把数学和现实生活及我经常阅读的经济学杂志里讨论的问题联系起来。有关金融市场瞬息万变的文章揭示了经济变数的连锁反应，在混沌模型里已经有很多的解释，我发现此领域非常有启发性。这就是为什么我非常盼望能在大学里学习数学分析。

我常参加模拟联合国辩论活动，并常代表经济组参赛。这能使我把握时事政治的脉搏并锻炼我的沟通能力。辩论和数学是密不可分的，因为要想进行没有漏洞的争辩，要求有捋顺逻辑性的因果关系的能力。因为我在学校里任Prefect（负责一些学校事务的学生骨干），负责给刚入中学一年级的学生辅导数学课。这项任务，迫使我要用简单易懂的语言和方式给刚刚对数学有粗浅了解的低年级学生解释一些概念。音乐是我生活中的重要组成部分。我常常参加各种演奏会和节日表演，我马上就要考钢琴证书了。我还是学校唱诗班的成员，我们唱诗班曾经到美国巡演，并在卡内基音乐厅里进行了演出。同时作为一个钢琴表演者和歌手，表演不同形式和具有挑战性的曲目，有助于我成为一个执着和能够合理安排时间的人。同时，音乐也是非常令我开心的消遣。

　　数学家需要集好奇心、批判性思维和逻辑的连贯性于一身，实现这个目标是颇具挑战性的。但是，毫无疑问，一旦实现了这个目标，将会有相当的成就感。这就是为什么我希望深造数学专业的原因。

IV

时光的记忆

家庭中的教育不是指向孩子的单向流动，

而应是在家庭成员间流动，

这便是我所理解的教育。

时光就像一艘小船，载着我们一家人从过去行至今日。博文的父亲一直在学术的道路上孜孜以求。我也从当初的困顿、迷惘中走出来，找到了自己。而博文继承了我和他父亲传递给他的中国人不服输的奋斗精神，他在平等、自由、开放的英式文化中长成了如今的样子。

　　我很欣慰，博文身上融合了东西方文化中非常优秀的元素。

　　他小时候，我们陪伴他，引领他；长大后，他带着我们夫妻更深入地了解西方的文化。

　　我们一家人，就是在这样相伴相携中，互相影响，互相教育，互相成就了彼此。家庭中的教育不是指向孩子的单向流动，而应是在家庭成员间流动，这便是我所理解的教育。

博文出生后，他的姥姥来北爱尔兰帮忙，那时我们还住在政府提供的公租房中。

为了更专注地工作和学习，我们决定将博文暂时送回内蒙古老家。临行前，我的内心满是不舍。

在内蒙古，博文在姥姥身边快乐地成长，和姥姥建立了非常深的感情。

博文父亲在北爱尔兰获得博士学位并获得最佳博士论文奖。他的
父亲在学术上的不懈追求成为他长大后在学业上的榜样。

在英国白金汉宫，查尔斯王子授予我"员佐勋章（MBE）"，表
彰我在北爱尔兰为华人社区所做的杰出贡献。博文为我骄傲。

父亲陪博文打网球。博文对运动的热情就这样在他父亲的陪伴和引导下被点燃。

小学时，博文就开始展现他的暖男气质，做蛋糕给爸爸妈妈吃。

我们夫妻带博文去伦敦旅游，为了锻炼这个小小男子汉，旅行的全程我们都放手交给他去带领我们。

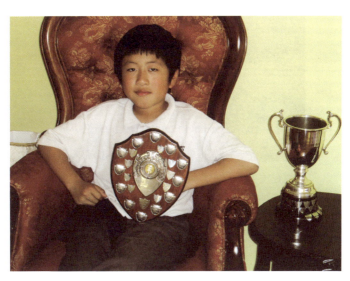

博文在北爱尔兰地区的钢琴比赛中获奖。

博文在拉丁舞、钢琴等艺术活动中屡获殊荣，当地媒体采访并报道了我对博文的教育。

由博文带队，剑桥大学"无伴奏合唱团"来华交流演出。

受博文之邀,我和他的父亲有幸参加了剑桥大学著名的"五月舞会"。

我们参加博文的毕业典礼。

后 记

"中国式逆袭"背后的家庭文化资本

英国媒体采访我时，问我：很多华人家长特别重视孩子是否考上名校，你是否一直把这个当作教育孩子的目标？我说，我深知孩子只有学习好和有特长是不够的，再有才能的人，如果不会和别人相处，没有社会交往能力，也难有丰富幸福的人生。

我带着中国的传统文化，在英国真实地感受了一个外来族裔，如何努力跻身社会精英阶层的过程，以及"中国式逆袭"的背后，走过的是一段怎样的路。

我和先生都是在中国二十世纪八十年代通过高考走出草原的，作为中国改革开放的受益者，我们和那个时代的很多平民阶层的孩子一样，有幸通过了"知识改变命运"的独木桥。当时相对平等的社会环境，给了我们走出偏远的不发达地区的希望和可能。

到了英国之后，我们成了外来的移民，在这样的环境中，如何让儿子不因为父母来自不同的文化而影响他和当地孩子一样茁壮成长，融入当地社会，一直是我和先生努力的目标。

当阶层固化，往上走的希望渺茫时，很多英国普通家庭的父母，并不像我们华人这样给予孩子更多的家庭教育并竭尽全力给孩子提供各种教育资源。为什么？这是一个社会问题，这个问题在英国尤为严重。人类学家、社会学家也对这个问题给予关注并进行专门研究。英国人类学家保罗·威利斯曾经对英格兰传统工业城镇汉默镇上的十二位中学男生深访，这十二位中学男生都出身于工人家庭。保罗得出的结论是：不是他们笨，也不是他们不努力，而是因为能融入主流精英群体的机会太渺茫。于是，大部分工人子弟强化了对自己出身的认同，主动选择了父辈的老路，这最终使得他们丧失了从事中产阶级工作的机会。

我和当地朋友聊过此话题，英国的情况比较复杂。英格兰的工人阶层对精英阶层和学校老师有一种反叛心理。北爱尔兰不同。其实，如果孩子读书好，找一份稳定的工作还是很有希望的。女王大学的毕业生百分之九十能在毕业后六个月找到工作或继续就读。我对英国社会的了解太少，不便做更深层次的评论。

我知道书呆子在英国社会吃不开，如果儿子被培养成书呆子，会让他在英国社会经历很多困难，所以，我一直避免让他成为书呆子。

我们中华民族有"望子成龙、望女成凤"的传统文化心理，自古重视家庭教育。我们对劳动者和各种职业保有尊重和平等意识，但改善自我、跻身社会精英群体的欲求，一直激励着我们去努力。自己不放弃希望，社会能够提供各种通道和机会，还有家庭教育中文化资本的配置和使用，这是孩子突破阶层向上走的基本。

在阶层固化相对严重的英国，我们作为普通的移民，要想实现"中国式逆袭"很难。所以，在儿子的培养中，我和他父亲全力以赴。我们特别重视儿子的沟通能力、表达方式、与人打交道的能力。在日常生活中锻炼孩子和老师如何交谈，和邻居如何相处，和小伙伴们如何交流沟通，如何条理清晰有逻辑地表达自己，并以让他人舒服的方式说服别人……

英国的学校教育很宽松，但我们为了不让孩子被"放羊"，尽量让他参加到丰富的活动中。我们做父母的，几乎是跟着孩子的节奏，用所有业余的时间去陪伴孩子，给他提供各种环境和机会。

在英国，我发现那些来自中产阶级家庭的孩子，和我原来租住的公租房区的一些贫困家庭的孩子相比，他们和父母的关系更为平等和谐；这些孩子在和人交往中，包括和老师以及权威人士的对话中，是沟通而不是对抗；他们的语言表述更有逻辑，对自我生活的管理和安排也是很有条理而不是自由放任。在学校里他们是好学生，很少对老师和同学摆出对抗、排斥的态度。很明显他们在言行举止和思维逻辑上得到了良好的训练，甚至自带一种所谓"气质"或者"气场"的东西，这使得他们在社会竞争中有很大的概率脱颖而出。

家庭教育最有效、低成本的就是"传递文化资本"。不仅仅让孩子学习好、考高分，还要锻炼沟通能力、表达方式、与人打交道的能力。这是一个家庭最为重要的文化资本，父母把这样的文化资本传递给下一代，就是帮助孩子在现代社会中站在了较高的起点上。